当代城市规划著作大系

城市综合承载力理论、评估方法及实证研究

谭文垦 著

中国建筑工业出版社

图书在版编目（CIP）数据

城市综合承载力理论、评估方法及实证研究/谭文垦著．—北京：中国建筑工业出版社，2014.8
（当代城市规划著作大系）
ISBN 978-7-112-17112-5

Ⅰ.①城…　Ⅱ.①谭…　Ⅲ.①城市–承载力–研究　Ⅳ.①F290

中国版本图书馆CIP数据核字（2014）第166506号

本书在系统研究城市承载力发展演变的基础上，详细探讨现存各种承载力指标体系的优劣，针对其缺点和现阶段实际情况，从城市发展制约要素集合及其评价方法上对城市承载力理论体系展开研究，利用地理信息科学的方法，根据经济社会发展和城市建设需求，对区域及城市内部不同系统的承载能力逐一进行评估和准确定位，量化各系统的承载能力，并在此基础上总结区域层面和城市空间层面两个尺度的城市综合承载力评价指标体系与方法，建立起相应的评估方法和过程，通过典型地区——上海的研究，评判其优缺点，为其他地区的城市综合承载力研究提供借鉴，促进城市理性增长与和谐发展。

责任编辑：施佳明
责任设计：董建平
责任校对：张　颖　陈晶晶

当代城市规划著作大系
城市综合承载力理论、评估方法及实证研究
谭文垦　著
*
中国建筑工业出版社出版、发行（北京西郊百万庄）
各地新华书店、建筑书店经销
北京嘉泰利德公司制版
北京建筑工业印刷厂印刷
*
开本：850×1168毫米　1/16　印张：10¾　字数：252千字
2014年12月第一版　2014年12月第一次印刷
定价：56.00元
ISBN 978-7-112-17112-5
（25900）

版权所有　翻印必究
如有印装质量问题，可寄本社退换
（邮政编码　100037）

序

　　城市综合承载力研究是城市可持续发展的基础理论问题之一。伴随着我国城市化和工业化的飞速发展，城市人口和用地规模剧增，城市经济社会结构快速转型，公共需求全面快速增长，资源环境约束进一步趋紧，商务成本持续攀升，城市生态环境问题日趋严重，城市安全与防灾能力脆弱，严重影响到自然资源的可持续利用及城市经济、社会、生态和文化的可持续发展。因此，正确把握城市综合承载力的理论内涵，辨识其主要制约因素，科学定量评价城市综合承载能力，以及在此基础上进一步监测其变化趋势并提出多种预警方案，已成为迫在眉睫的重大理论课题和实践任务。

　　承载力研究范畴经历了非人类生物种群承载力、人口承载力、资源承载力、环境承载力、生态承载力、经济承载力、文化承载力、社会承载力等概念内涵的演进过程，呈现出从生物种群承载力扩展到"耕地—食物—人口"承载力、从单要素制约承载力发展到多要素制约的系统承载力、从单纯基于自然资源禀赋的承载力研究延伸到涵盖自然资源禀赋和人类发展需求的综合承载力、从单个城市承载力扩展到区域城市群综合承载力研究等演变特征。但另一方面，承载力概念在获得广泛应用和发展的同时，也仍然存在着理论基础薄弱、调控机理缺失、估算方法不足、可操作性差等问题。因此，学术界也不时发出"城市承载力是一个伪命题"、"建议废弃承载力"的反对之声。我们认为：承载力虽然是动态的和相对的，但却是一种客观存在的事实，而不是一种用来修饰的概念，尤其是当它危及到人类自身的健康和城市可持续发展的时候。换言之，城市综合承载力不是一个伪命题，在一定时空条件及资源禀赋和环境容量约束下，城市承载力阈值是客观存在的。问题的根源在于我们尚未完全廓清承载基体与承载对象之间错综复杂的相互作用机理。承载力研究的不完善性不应成为放弃承载力研究的借口，恰恰相反，而应成为激励对其进一步深化研究的动力。

　　基于此，近十余年来，我和我的研究生们就一直将城市综合承载力研究纳入我们关注的重点问题之一。至今已发表了多篇相关研究论文。近闻谭文垦博士欲将其博士学位论文核心内容与近几年的实践所得集合成书，在中国建筑工业出版社出版，甚感欣慰，它也可视为我们课题组在这一领域奉献的处女作。顺便提及的是，我们课题组的另一部专著《上海大都市地区资源环境承载力估算方法研究》也已送交中国建筑工业出版社，预计今年年内亦将付梓面世，算是它的续篇吧。

　　总之，城市综合承载力研究是一个极富魅力而又颇感棘手的课题。将自己多年思考的成果展现在世人面前，尽管它稚嫩而未必完美，但依然勇气可嘉。同时，也衷心祝愿谭文垦博士在今后的研究工作中不断取得新的更大的进步。

　　是为序。

石忆邵

2014年7月2日

目　录

序 ··· 石忆邵

第1章　绪论 ··· 1
　1.1　研究背景 ·· 3
　　　1.1.1　现实背景 ·· 3
　　　1.1.2　理论背景 ·· 5
　1.2　研究意义 ·· 6
　1.3　研究内容及本书结构 ·· 8
　　　1.3.1　研究内容 ·· 8
　　　1.3.2　本书结构 ·· 9
　1.4　技术路线 ·· 9

第2章　国内外相关研究进展 ·· 11
　2.1　城市承载力概念起源与演化 ·· 13
　　　2.1.1　承载力概念的起源 ··· 13
　　　2.1.2　承载力概念的演化与发展 ··· 13
　　　2.1.3　城市综合承载力概念的提出 ··· 15
　2.2　城市承载力研究进展 ·· 17
　　　2.2.1　国外城市承载力研究动态 ··· 17
　　　2.2.2　国内研究动态和发展方向 ··· 20
　　　2.2.3　评价方法的发展 ·· 23
　2.3　国内外研究述评 ·· 30
　　　2.3.1　内涵模糊，可操作性差 ·· 30
　　　2.3.2　与推动城市发展的主要力量——科技创新脱节 ··························· 30
　　　2.3.3　评价方法需进一步精细化 ··· 30

第3章　理论探索与评价方法研究 ·· 31
　3.1　承载力模型构建 ·· 33

  3.1.1 承载力理论模型的发展 …………………………………… 33
  3.1.2 UCC 理论模型构建 …………………………………… 34
  3.1.3 UCC 现实模型刻画 …………………………………… 35
 3.2 承载作用机制分析 …………………………………… 39
  3.2.1 城市空间界定 …………………………………… 39
  3.2.2 城市系统总体承载机制 …………………………………… 41
  3.2.3 不同研究领域尺度的统一 …………………………………… 44
  3.2.4 区域层面城市承载机制 …………………………………… 46
  3.2.5 内部空间承载与约束机制 …………………………………… 47
  3.2.6 内部空间的承载递阶 …………………………………… 49
  3.2.7 城市承载能力调控方式 …………………………………… 50
 3.3 评估方法选取 …………………………………… 51
  3.3.1 UCC 评价特点 …………………………………… 51
  3.3.2 综合评估尺度选取 …………………………………… 52
  3.3.3 区域层面评价方法选取 …………………………………… 52
  3.3.4 城市内部空间评价方法选取 …………………………………… 53

第 4 章 区域层面城市承载能力分析 …………………………………… 55
 4.1 研究对象与指标体系构建 …………………………………… 57
  4.1.1 研究对象空间界定 …………………………………… 57
  4.1.2 研究思路 …………………………………… 58
  4.1.3 指标构建原则 …………………………………… 58
  4.1.4 指标选取 …………………………………… 59
 4.2 数据获取与评价方法 …………………………………… 60
  4.2.1 数据获取 …………………………………… 60
  4.2.2 评价方法 …………………………………… 61
  4.2.3 全局主成分分析方法 …………………………………… 61
  4.2.4 数据处理过程 …………………………………… 62
  4.2.5 数据分析过程小结 …………………………………… 65
 4.3 结果与分析之一——长三角城市群 …………………………………… 65
  4.3.1 城市群承载力关键影响因素分析 …………………………………… 65
  4.3.2 城市群要素承载力时序分析 …………………………………… 66
  4.3.3 K 值确定与承载状态判断 …………………………………… 68

    4.3.4 空间格局分析 …………………………………………… 69
    4.3.5 ESDA 分析 …………………………………………………… 71
  4.4 结果与分析之二——典型城市上海 ……………………………… 72
    4.4.1 上海承载能力发展现状分析 …………………………… 72
    4.4.2 城市承载力综合评价 …………………………………… 73
    4.4.3 重要影响因素——土地承载力评价 …………………… 76
    4.4.4 重要影响因素——环境承载力评价 …………………… 78
    4.4.5 发展短板——科技承载力评价 ………………………… 79
    4.4.6 其他要素承载力评价 …………………………………… 80

第5章 城市内部空间层面承载能力分析 ……………………………… 83
  5.1 影响因子分析 …………………………………………………… 85
    5.1.1 人口状况 ………………………………………………… 86
    5.1.2 经济社会因素 …………………………………………… 86
    5.1.3 土地利用情况 …………………………………………… 87
    5.1.4 综合交通系统 …………………………………………… 88
    5.1.5 公共服务设施系统 ……………………………………… 89
    5.1.6 市政公用设施系统 ……………………………………… 90
    5.1.7 空间环境 ………………………………………………… 91
  5.2 评价方法与研究对象 …………………………………………… 92
    5.2.1 评价技术路线 …………………………………………… 92
    5.2.2 评价指标选择 …………………………………………… 93
    5.2.3 评价步骤与方法 ………………………………………… 95
    5.2.4 研究对象界定 …………………………………………… 96
  5.3 数据处理 ………………………………………………………… 97
    5.3.1 基础数据准备 …………………………………………… 97
    5.3.2 遥感数据处理 …………………………………………… 98
    5.3.3 人口及经济社会数据 …………………………………… 99
    5.3.4 土地利用情况 …………………………………………… 102
    5.3.5 综合交通系统承载能力 ………………………………… 107
    5.3.6 公共服务设施承载能力 ………………………………… 114
    5.3.7 市政设施承载能力 ……………………………………… 118
    5.3.8 空间环境承载能力 ……………………………………… 121

  5.3.9　综合承载能力数据处理 122
  5.3.10　数据处理过程小结 123
 5.4　微观评价结果分析 124
  5.4.1　推荐指标及控制标准 124
  5.4.2　单要素承载结果分析 126
  5.4.3　主要制约要素分析 135
  5.4.4　综合承载结果分析 136

第6章　对策建议 141
 6.1　保障措施 143
  6.1.1　建立承载力监测评估体系，增强评估的科学性 143
  6.1.2　构建承载力评估机构，确立实施主体 143
  6.1.3　建立和发展城市承载力的资源保障体系 143
  6.1.4　强化公众参与机制，畅通公众意志表达渠道 143
  6.1.5　加强部门之间协作，保障实施途径顺畅 144
 6.2　政策建议 144
  6.2.1　尽快建立城市承载力评价制度 144
  6.2.2　加强城市承载力评价平台研究 144
  6.2.3　将城市承载力纳入社会经济发展规划的必备研究专题 145
 6.3　对典型城市发展的建议 145
  6.3.1　对城市规模以及性质的发展建议 145
  6.3.2　进一步挖掘土地资源利用以及科技创新潜力 145
  6.3.3　提升内部空间承载能力的建议 146
  6.3.4　加强城市控制标准的研究 146

第7章　结论与展望 147
 7.1　主要论点和结论 149
 7.2　本书主要创新点 150
 7.3　进一步工作的方向 151

参考文献 153
后　　记 162

第 1 章

绪论

城市既有序又无序，寄身其中的有美丽也有丑陋，有美德也有罪恶。城市呈现出人类最好或者最坏的一面，它们是历史与文化的物质载体，是各种革新、产业、科技、企业精神和创造力的孵化器。城市通过创造财富可以推动国家经济增长，促进社会发展并提供就业机会，却也可能成为贫穷、社会歧视和环境恶化的温床。

1.1 研究背景

1.1.1 现实背景

诺贝尔经济学奖得主、美国经济学家斯蒂格利茨教授曾断言：21世纪对世界影响最大的事件，一是美国高科技产业，二是中国的城市化。

城市化是人类社会发展的大趋势，它在极大地推动社会的进步，改变世界落后面貌，让人类享受现代城市文明的同时，也给人类社会带来许多难题和困扰。

1. 城市化在快速发展

在历经30年的改革开放后，我国的经济体制和社会结构开始步入转型发展的关键时期；与之相伴的则是，中国城镇也开始面临城市化加速发展与城乡空间剧烈重组的历史性转型。

自20世纪90年代以来，我国在城镇化速度方面大幅度超过西方发达国家。西方发达国家城镇化率从20%发展到40%用了几十年至上百年，自40%的城镇化率到今天的80%左右，又经历了50~100年。我国20世纪80年代到90年代初，城镇化率以每年0.6个百分点以上的速度增长，1990~1995年间，城镇化率每年提高0.52~0.53个百分点，1996~2001年间城镇化水平每年提高1.43~1.44个百分点，2000~2005年间城镇人口由4.56亿增加到5.62亿，增加了1.06亿，每年2210多万人（陆大道，2007）。

根据麦肯锡公司发布的题为《迎接中国十亿城市大军》的报告，到2025年，中国将有超过66%的人口生活在城市。中国的城市人口将于2025年达到9.26亿，到2030年将突破10亿（麦肯锡，2008）。

美国福布斯杂志[①]2010年公布的全球人口最稠密城市排行榜，前20名中有6个亚洲城市（不包含中国），其中印度占了5个，每平方公里人口多达29650人的印度金融娱乐中心孟买排名全球第一。中国有5个城市进入前20名，深圳第五（17150人/km²），台北排名第七，还有排名第十的上海（13400人/km²），第十二名的北京（11500人/km²）与排十八名的天津。

2005年上海市常住人口密度为2804人/km²，其中内环线以内为3.39万人/km²，内中环之间为1.75万人/km²，中外环之间为0.70万人/km²，外环线以外为0.14万人/km²。内环线以内的人口密度是外环线以外的24倍。2008年上海全市常住人口为1888万人，户籍人口1391万人，常住人口密度为2978人/km²，较之2005年2804人/km²城市人口密度增加了174人/km²[②]。

---

① 资料来源：全球人口最稠密城市排行榜[J]. 福布斯，2010（1）。
② 数据来源：上海市统计局. 上海统计年鉴2009[M]. 北京：中国统计出版社，2009。

由此可见，中国城市化发展之快，城市人口增加之快，稠密度之高，在世界上也是少见的。

2. 城市发展的矛盾在积累

纵观近现代的城市发展历史，由城市化发展引起的深刻矛盾主要有：①英国的公共卫生危机。英国是率先进行城市化的国家，早期由于城市人口过快膨胀，导致生活环境恶化，瘟疫流行，造成了严重的后果，后来才采取以城市规划为主要内容的公共政策化解了这种危机。②美国的城市蔓延。由于没有联邦政府的调控，美国的城市化缺乏引导，随着机动化出现开始了城市的郊区化，导致城市蔓延发展，使美国成为世界头号能源消费大国。③拉美国家的过度城市化。拉美国家片面追求城市化水平，在缺少工业基础的前提下，大量农民涌入城市，出现了庞大的城市失业群体，并带来大量贫民窟的出现和犯罪率的上升等社会问题。

而目前的中国，一方面为顺应经济快速发展以及弥补历史欠账，需要消耗能源、资源，兴建大量的城市基础设施来满足城市的发展，满足城镇居民的需求；另一方面，数亿农民的转化也是城市发展必须面对的严峻现实，2011年初时任总理温家宝表示应根据城市承载能力逐步解决农民工城市户口（新华网，2011）。由于农业生产力的提高及城乡一体化的深入，其中的大部分农民将在未来50年内转化为城镇居民。随城市人口和规模的增长，以及过度发展和过度集中，粗放模式主导的工业化与城市化双轮驱动下的城市及其依托的区域，各种各样的城市问题以及对它的关注也随之增多。尤其是一些地方政府坚持唯GDP论的发展理念下，多种不和谐声音集聚形成了倍增效应，使得住房紧张，交通拥挤，环境污染，公共资源分配不公，土地利用效率低下等一系列严重影响社会经济可持续发展的问题扑面而来。

在区域层面，大江大河的水体污染触目惊心，城市饮用水源地安全屡遭威胁，耕地锐减已逼近粮食安全底线，生态危机、环境恶化正在向全国各地蔓延。

在城市主城区，"摊大饼"式的快速扩展也带来了城市功能不完善和基础设施不健全而引发的城市交通拥堵、城市环境质量下降，公共服务供给不足和公共安全保障不力等突出问题。

3. 健康有序的建设与高效的管理在深入

早在2005年，建设部就下发了《关于加强城市总体规划修编和审批工作的通知》，要求各地在修编城市总体规划前，客观分析资源条件和制约因素，着重研究城市的综合承载能力。国家"十一五"规划纲要更明确提出，要"促进城镇化健康发展，坚持大中小城市和小城镇协调发展，提高城镇综合承载能力"。2006年底举行的中央经济工作会议也指出，推进城镇化要以提高城市综合承载能力为核心。时任建设部部长的汪光焘在2007年全国建设工作会议上也强调，要立足资源环境容量和在区域发展中的功能定位，着力提高城市综合承载能力。

2010年政府工作报告要求，"促进大中小城市和小城镇协调发展，着力提高城镇综合承载能力，发挥城市对农村的辐射带动作用，促进城镇化和新农村建设良性互动"。

全国各地也纷纷将提高城镇综合承载能力纳入工作目标，组织落实了相关的专题研究，并在一批区域发展、城市规划及管理等项目中取得了初步的研究成果。

1.1.2 理论背景

自从1798年马尔萨斯人口论提出至今200多年的时间里，起源于人口统计学、应用生态学和种群生物学基础上的承载力理论取得了长足的发展。

在基于个人偏好对环境商品和服务进行货币定价的经济学家（乐观派或者丰饶派）与根据物质（非货币）规范和标准对环境商品和服务进行集体评价的环境主义者（悲观派或者毁灭派）的一次次争论中，承载力分析与研究已经逐步转向人类社会经济发展面临的实际问题。

1. 承载力理论研究已慢慢渗入城市发展领域

除考虑资源环境等自然因素的影响外，承载力研究开始分析研究科技进步、生活方式、价值观念、社会制度、贸易、道德和伦理价值、品位和时尚、经济、环境效应、文化接受力、知识水平和机构的管理能力（Hardin G，1986；Cohen J E.，1995）等人类自身文化社会因素对承载力的影响，并尝试着将这些因素纳入到承载力方法之中；在应用方面，可持续发展理念的普及，推动了人类承载力更加广泛地应用于人类社会各个尺度及各个领域的实践活动（张林波，2009）。

城市作为人口的聚集地和承载文明的载体，所出现的社会承载力、文化承载力不可避免地将其作为研究的对象。随着可持续发展概念的深入，城市规模的扩大和城市问题的频现，越来越多的学者将城市作为一个整体进行研究，进而探索适合城市承载力的理论，并应用于城市管理的实践。

2. 转型期中国城市独特的发展轨迹，提供良好的研究机遇

有别于欧洲的紧凑型城市化，美国的蔓延型城市化和拉美国家的虚弱型城市化道路，中国城市化具有自身的特点。

改革开始后实行并延续到20世纪90年代的"严格控制大城市规模，合理发展中小城市，积极发展小城镇"的政策。这一时期的城市化发展是不均衡的，主要表现在中小城市和小城镇数量迅速增加，而城市平均规模显著下降，大城市数量偏少，发展滞后。

从20世纪90年代末到目前的10年左右，基本倡导"大中小城市和小城镇协调发展"，使大中型城市的数量和人口增长都显著加快了。对农民工进城的政策，也从仅仅允许逐渐转变为鼓励和支持。

与此相对应的是，城市规划领域研究较多的是城市化率、城市规模、空间结构和用地布局，并未对城市能容纳多少人口和活动进行理论的探索和实际的测度。

同类的概念过去常用的是"完善城市功能"一词。"完善城市功能"相对偏重城市物质空间的建设，较少考虑城市的外部发展空间和人及社会经济活动的承载。因此中国城市独特发展轨迹的大背景为城市承载能力研究提供了一个良好的研究机遇。

3. 相关研究刚刚起步，有深度的研究成果较少

针对目前城市发展过程中的现实问题，学术界同时开展了相应的研究。罗亚蒙、吕斌、叶裕民、陈淮、王东提出了他们对城市综合承载力概念的认识及提升的对策建议（牛建宏，

2006；叶裕民，2007；陈淮，2006）。中国科学技术协会（2006）开展了《中国城市承载力及其危机管理》课题的研究。部分城市，如金华等也开展了提高城市承载力的相关研究（金华市统计局课题组，2006）。李东序（2006）、程晓波（2006）则分别提出了提高城市（镇）综合承载能力的对策建议。

然而，分析他们的见解，可以发现城市综合承载力迄今仍是个较新的概念，其内涵的界定尚存在一定的分歧和不足，同时其理论体系的构筑也存在诸多不完善之处，科学的评价方法仍处于起步阶段。

4. 实证研究区的典型性

本书选取上海作为城市综合承载力的实证研究对象具有典型性和代表性。上海作为长三角经济圈的中心城市和中国国际化大都市，位于两大经济带——沿海经济带与长江流域经济带的T形结合部，对长三角有巨大的牵动力和辐射力。近年来抓住浦东开发开放，加入WTO，举办世博会等城市发展契机，上海正慢慢转变成世界城市。经过30多年改革开放，上海在经济实力、产业能级、城市建设与管理和社会事业等方面取得突破性发展，但上海仍是一个发展中的国际化大都市，在城市结构、土地使用等方面还存在诸多承载问题。内部空间层面，杨浦区为上海中心区较大的一个区，正在经历从一个产业结构老化，社会包袱沉重，历史欠账多，基础设施落后的传统工业区转变为知识创新型城区的过程。研究区包含了居住、商业、办公、工业等多种土地利用性质，同时涵盖了大面积的近代旧城改造、新城开发这两种不同的城市发展模式，交通、居住、公共服务等城市承载问题集中显现，又是居住用地相对集中的大城市中心城区，因此非常适合作为内部空间层面承载力研究的对象。作为崛起中的亚洲区域性全球城市，分析其承载力发生发展情况，对提升其本身城市建设管理能力，同时对国内其他城市承载能力研究及城市发展有一定的借鉴意义。

1.2 研究意义

1. 城市综合承载力是承载力研究的热点和理论前沿

"没有其他任何问题会像经济增长、生态承载力和环境问题一样使经济学家和生态学家的观点如此截然不同。"（Costanza，1995）随着时间的推移，关于人类增长极限或地球承载力的争论并没有停息，而是一直延续到今天，争论的内容也更加广泛和激烈。经济学家（乐观派或者丰饶派）与环境主义者（悲观派或者毁灭派）一直试图将生态学及相关学科最新、最前沿的理论研究成果吸纳和应用于承载力研究，如盖娅假说、环境库兹涅茨曲线、能值分析、生态系统服务功能价值分析等等来证明自己的正确性。

在这一过程中，承载力研究所涉及的内容也逐渐从生态科学、环境科学、资源科学扩展到了地球系统科学、环境经济学、科学哲学等领域。伴随人口向城市集聚的加剧，特别是发展中国家城市化过程中出现的种种弊病，城市综合承载力作为承载力研究向人类社会经济系统研究倾斜的表现，将集中回答"城市究竟能承载多少人口及其社会经济活动"、"城市承载力与科技进步的关系"、"城市承载能力的历史演变与预测"等问题。

2. 城市综合承载力是城市可持续发展实践的基石

在可持续发展理念被全球各国普遍接受的今天，几乎任何一项人类开展的宏观性经济社会实践活动中都需要这样一个科学理论加以指导，在区域经济发展、城市规划、区域开发等实践中有着巨大的需求和吸引力。城市是一个复杂、多样、变动的巨系统。如何准确地度量其发展潜力，判断其提供城市人口舒适、和谐生活的能力，是今后一段时间国内外城市研究的热点和难点，尤其对我国如何妥善安置每年新增1500万非农人口的现状有着特殊意义。

可持续发展实践依赖于系统、科学、定量地研究人类经济社会与生态环境的关系，承载力概念就是衡量人类经济社会活动与自然环境之间相互关系的科学指标，是人类可持续发展的度量和管理决策的重要依据（Abernethy，2001；Young，1998）。城市可持续发展解决的核心问题是城市人口与城市系统状况和周边资源环境协调发展的问题，而城市承载力需解决的核心问题也是资源、环境、人口与发展问题，不同处只是考虑问题的角度不同，城市承载力可以理解为是从"底层"出发，根据周边资源环境和城市系统的实际承载能力，确定人口与社会经济的发展速度和规模，而城市可持续发展是从一个更高的角度看问题，但终究不能脱离周边资源环境和城市系统的束缚。所以说，城市可持续发展是目标，人是纽带，城市承载力则是城市可持续发展的基石。纽带作用发挥得当，则可构成良性循环，其结果是基石更稳，发展更快，反之则基石破碎，发展停止或倒退。

3. 开启了城市学科研究的新领域

城市学科是飞速发展的学科，较多地关注于城市的等级—规模体系，城市的空间结构和用地布局，城市发展的驱动力等方面，专注于城市系统承载力的研究尚不多见。较多见的是区域承载力，或者是城市土地承载力、城市生态环境承载力。其理论通常定位于整个大区域或者城市内部的单个影响因子，且选用的指标定位都偏重自然的指标，对创新等软要素关注不够。

城市承载力研究作为从"底层"出发研究城市系统可持续发展的方向，必将成为城市学科的一个基本研究内容，它的发展可以很好地促进城市学科相关理论的发展与完善。鉴于当前城市承载力研究的薄弱性，城市科学体系建设的重要性和城市可持续发展问题的严重性，加快承载力研究不仅必要而且很重要。

4. 对区域发展、城市规划等相关实践领域具有重要的指导意义

随着应用需求的不断增加，城市承载力评估的理论和方法将不断完善。目前，相关的区域、土地、生态环境等承载力指标体系在区域发展、土地利用、生态环境保护等方面发挥作用，为其相关法规与政策的出台和修订提供科学依据。城市承载力的研究解释城市发展的极限及其限制因素，将进一步推动区域发展战略，城市规划制定过程的科学化和合理化，从而使城市规划发展、土地利用、生态环境保护等更贴近实际，更合理有效。

利用各项指标及定义在其上的分析模型，根据理论研究和实践经验建立的评价标准，可方便地建立基于空间决策的城市承载力评估系统。借助GIS技术，可实现在网络环境下的指标体系更新，空间数据的分析，评估系统修正，评估结果发布与显示。网络将极大提高处理数据、建立模型和评估结果的参与度、时效性和获取的方便性。模型、数据和评价结果可直接应用于相关实践领域的研究，并指导实际的工作，如主体功能区评价、城市总体规划评价、生态环境保护区划等，这必将提高相关部门工作的效率和科学性。对于城市内部空间 UCC 的分析，将直接指导内部空间规划的编制，特别是分区规划和控制性详细规划阶段。

5. 城市内部空间承载力研究可实现在城市内部空间的分区管理和预警

分析街道、社区或者单元网格层面的人口居住与基础设施、就业、社会保障、公共卫生、城市安全及生态环境等方面的关系，并利用城市管理信息化技术，可实现城市内部不同行政级别单元的承载能力管理。结合一定的预测模型和触发阈值，并建立预报、预警的工作流程，可实现局部地区承载力失衡的预警机制，提高应对突发事件和抵御风险的能力。

利用城市网格化管理系统的物理基础和数据源，按照 UCC（Urban Carrying Capacity）分析的要求，筛选其中的数据形成 UCC 分析所要求的基础空间数据（若不足以涵盖分析要求，可人为添加），并给定评价阈值（人均或者通行经验值）和预测模型，分区分块评定 UCC 的匹配状况，同时利用预测模型对现有的发展情况进行远景分析，提供未来存在的失衡情况的评价结果。

分区管理和预警在合理配置基础设施及公共设施，保障城市供水、燃气、地铁、公共交通等市政公用产品和服务的供给和安全，促进城市防震、防洪、防空、消防等防灾减灾设施的建设，推进地下管网布设与地下空间利用，统筹城乡就业，建立健全分层次、广覆盖的社会保障体系，加快解决社会保障性住房的建设和供应、义务教育、公共医疗卫生、城市生态环境的保护和建设等方面具有重要意义。

1.3 研究内容及本书结构

1.3.1 研究内容

本研究在系统研究城市承载力发展演变的基础上，详细探讨现存各种承载力指标体系的优劣，针对其缺点和现阶段实际情况，从城市发展制约要素集合及其评价方法上对城市承载力理论体系展开研究，利用地理信息科学的方法，根据经济社会发展和城市建设需求，对区域及城市内部不同系统的承载能力逐一进行评估和准确定位，量化各系统的承载能力，并在此基础上总结区域层面和城市空间层面两个尺度的城市综合承载力评价指标体系与方法，并建立起相应的评估方法和过程。通过典型地区的研究，评判其优缺点，为其他地区的城市综合承载力研究提供借鉴，促进城市理性增长与和谐发展。

1. 系统探索城市承载力影响因素及调控机理

目前城市承载力理论的主要缺陷和不足在于简单套用生物种群增长规律，而忽视了人类科技、贸易、消费、制度等社会文化因素对城市承载力的巨大影响。本书在总结城市承载力起源发展历程的基础上，从城市系统结构、发展过程以及服务功能的本质特征出发，分析目前城市承载力研究存在的主要困境及原因，以人类社会文化因素为重点，系统地探讨和阐述城市承载力的影响因素、调控机理及主要特点，提出城市承载力 K 值调控概念模型，从而完善城市承载力理论，为进一步深入开展城市承载力理论探索提供基础。

2. 提出可为决策服务的城市承载力估算方法

由于城市承载力理论所存在的以上缺陷和不足，目前的城市承载力方法缺乏足够的说服力，不同方法之间的估算结果差异巨大，还不能为人类经济社会活动提供有效的决策论据。本书在城市承载力理论探索的基础上，根据城市承载力影响因素和调控机理，提出符合城市系统特点的承载力估算方法，为城市、区域等层面城市承载力估算提供参考。

3. 通过系统评估为城市开展综合承载力建设提供决策依据

本书以上海为案例，分析上海发展面临的资源环境问题，面临的内部空间承载问题，构建城市承载力综合评价模型，评价上海城市人口与城市社会经济环境的静态和动态关系，筛选符合城市系统特点的承载力估算方法，提出相对切实可行的思路和相对完整的评价过程。

1.3.2 本书结构

全文共分为 7 个部分：

第 1 章为绪论，本书的总体介绍。主要阐述本研究的背景、意义、整体思路与方法。

第 2 章介绍城市综合承载力相关概念的背景知识，国内外研究进展、分析与总结；考证承载力发展演化的历程，是整个研究的出发点。

第 3 章总结现有理论模型和方法论。结合研究实际，改善现有模型，并选定后续分析研究的方法，是重要的理论探索章节。

第 4 章从区域层面进行分析。结合概念分析城市承载力的影响因素，根据影响因素选取指标，考察指标数据的可获得性和研究的可操作性，建立评判指标体系。选取全局主成分分析方法，对长三角城市群进行分析（时空分析，并基于 ESDA 进行空间自相关分析），并对典型城市上海进行针对性的评价分析，期望对本书所提出理论进行部分论证。

第 5 章对城市内部空间进行分析。对典型案例区的城市现状进行描述，简要阐述典型案例区的城市发展带来的承载力问题。对典型案例区各指标（人口经济社会、城市交通系统、市政、公共服务、空间环境等）分别进行评估，根据木桶理论找出影响城市综合承载力的最薄弱环节，并通过模型公式法对单指标分析结果进行综合分析。

第 6 章根据分析结果，提出有针对性的对策措施。

第 7 章研究成果总结和未来进一步研究设想。

1.4 技术路线

本书是在对承载力理论及方法系统研究的基础上，充分运用生态学、经济学、社会学、环境学等学科知识，采用规范研究和实证研究相结合，定性分析和定量分析相结合，静态分析和动态分析相结合等方法，以 GIS 技术为手段，确立城市综合承载力评估指标体系和切实可行的评估过程，为城市建设、环境保护和经济可持续发展提供依据。其技术路线设计如图 1-1 所示，所采用的具体方法有：

1. 历史考察、纵横比较法

本研究将运用较多的历史系列数据进行分析，需要考察城市综合承载力的动态变化及内在机制。

2. 统计分析、空间分析、遥感分析等手段

本研究将运用定量的空间模型，结合 GIS、RS 以及 ESDA 分析（实现区域和城市空间两个尺度的显示、模型定义及承载力评估结果的表达），进行城市综合承载力的空间测度及其可视化表达。

3. 实证研究法

本研究着眼典型案例区的承载力指标评估研究，以此作为类似城市的典型性实证主体，并由此总结一些规律性的发展机制。

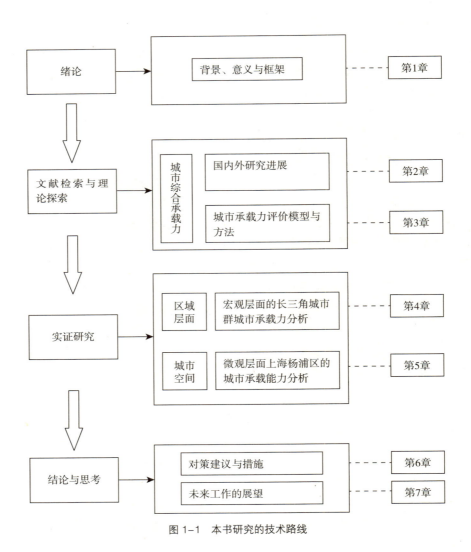

图 1-1　本书研究的技术路线

第 2 章

国内外相关研究进展

2.1 城市承载力概念起源与演化

2.1.1 承载力概念的起源

承载力（Carrying Capacity，亦译为 Bearing Capacity）一词原为物理力学中的一个物理量，指物体在不产生任何破坏时所能承受的最大负荷，具有力的量纲，可以通过野外的或室内的力学试验得到具体数据，在某些情况下（如在材料弹性范围内或在一定试验资料基础上）也可通过力学理论或经验公式计算。其内涵朴素的表达可追溯到古希腊时代，它所包含的极限思想与"公地"（the Commons）及其潜在的过度利用联系在一起，最早出现于亚里士多德的一些著作（Hardin G.，1976；OECD，1997），并已在农业中应用了几个世纪（Environmental Stewardship & Planning，2000）。

当学者研究区域系统时，普遍借用了这一概念，以描述区域系统对外部环境变化的最大承受能力。随着研究的深入，承载力被发展为现在的承载能力，成为描述发展限制程度最常用的概念。

最初借用承载力一词的其他学科是群落生态学，其含义是"某一特定环境条件下（habitat，主要指生存空间、营养物质、阳光等生态因子的配合），某种生物个体存在数量的最高极限"。18 世纪末期，马尔萨斯（Malthus）发表了著名的《人口原理》，为承载力概念赋予了现代性内涵，并带来了深远的影响（Seidl I.，1999；Population Information Network，1994）：一方面，通过对古典经济学的影响，对 20 世纪的人口学和经济学研究产生了重要影响；另一方面，通过对达尔文（Darwin）的影响，为其以后生物学和生态学的发展带来了重要影响，导致 19 世纪末期承载力概念在这两个领域得到广泛的应用。

2.1.2 承载力概念的演化与发展

现代意义的承载力理论在实践中的最初应用领域是 19 世纪 80 年代后期至 20 世纪初期的畜牧业。在北美、南美及亚洲草原地区，由于草地开垦、过度放牧等原因，土地开始退化，为有效管理草原和取得最大经济效益，一些学者将承载力理论引入到草原管理中，如美国农业部 1906 年年鉴就曾采用这一概念。随之草地承载力、最大载畜量等相关概念相继被提出。稍后，认识到这一概念的有用性，野生动物学家也将其引入到野生动物管理领域中（Price D.，1999；Dijkman J.，1998）。1920 年，生物学家 Pearl 与其助手 Reed 通过生物学试验，总结出了实验室中生物数量增长的对数方程（Logistic Equation），并证明了北美地区的人口增长也存在类似的关系。1922 年，Hadwen 和 Palmer（Hadwen S.，1953）在美国农业部公报中也应用了这一概念。在人类生态学领域，Park 和 Burgess 于 1921 年在有关研究中应用了承载力概念（Park R.F.，Burgess E.W.，1921），认为可根据某一地区的食物资源来确定该地区的人口容量，直接带动了土地承载力领域的研究。应该说，承载力理论在这一领域的应用取得了成效，即使在今天，草原生态等相关领域仍在使用这一概念。1953 年，Odum 在其颇具影响的《生态学原理》（Fundamentals of Ecology）中，将承载力概念与对数增长方程特别是其中的常数 k 相联系，从而使承载力概念具有了较精确的数学形式（Price D., 1999；Odum E.P., 1953）。

随后，在全球人口不断增加，耕地面积日趋减少，人类面临粮食危机的背景下产生了土地承载力概念。工业化革命以后，全球性区域发展的规模与速度加剧，特别是人口的急剧增长，导致一些地区超出其应有的区域经济负荷，特别是超出其土地资源的承载能力，进而出现环境恶化和资源短缺，进一步加剧了区域经济的不稳定，最终导致若干地区出现粮食危机。面临饥饿与贫困的威胁，土地粮食生产引起了各国政府的高度重视，于是生物学家和生态学家将承载力的概念发展并应用到人类生态学中，以研究现有土地到底可承载多少人口。与土地承载力并用的相关概念还有区域人口承载容量、土地负载力、地域容量、地域潜力等。

20世纪60~70年代，随着工业化国家经济的迅速发展，环境污染与资源短缺问题日渐明显，八大公害事件的发生向全人类敲响了警钟。与此同时，医学的发展大大提高了人的寿命，而人类生存所需的自然资源不但没有增长，反而急速减少，人类在历史上又一次面临承载力的问题。但与以往不同的是，第一，这一次人口承载容量面临的问题不是发生在少数地区，而是遍及全球。其主要原因是：一方面，发达国家随着经济的迅速发展，对资源的需求量不断增加，在本国资源不能自给的情况下，开始向他国掠夺资源；另一方面，发展中国家因人口激增和贫困等原因，对资源的破坏不断加剧，从而导致全球资源存储量不断减少，各国对资源的竞争也日趋激烈。第二，此次全球的承载力限制不仅仅发生在土地资源，而且扩展到了森林资源、矿产资源、环境资源、水资源……所有这些，都引起人们对全球资源的重新评估，考虑我们的环境到底可承受多少污染，全球不可再生资源和可再生资源到底能承载多少人口。由此，地球承载能力及相关命题研究的广泛开展，环境承载力、资源承载力、生态承载力、绿洲承载力等概念相继应运而生。其中尤以1972年应罗马俱乐部的研究小组邀请，由美国麻省理工学院丹尼斯·米都斯（Dennis L. Meadows）教授等撰写的《增长的极限》为杰出代表。

20世纪70年代后期和80年代初期，联合国粮农组织（FAO）和教科文组织（UNESCO）先后组织了承载力的大型研究，提出了一些承载力定义和量化方法（阮本清等，2001）。较具有影响的研究有3个。20世纪70年代初，澳大利亚的Millington和Gifford R. 采用多目标决策分析法进行的该国土地承载力研究；始于1977年的FAO组织的发展中国家土地的潜在人口支持能力研究；20世纪80年代初，UNESCO资助下英国科学家Sleeser等进行的资源承载力研究，并提出著名的ECCO（Enchancement of Carrying Capacity Options）模型。

20世纪80年代后期，可持续发展概念和思想得以提出，承载力被认为是它的一个固有方面，并与之相结合而获得新的发展。

1995年，诺贝尔经济学奖获得者Arrow与其他国际知名的经济学家和生态学家一起，在《科学》（Science）上发表了《经济增长、承载力和环境》一文（Arrow K., Bolin B., Costanza R., et al., 1995），在学界和政界均引起极大的反响，美国生态学会（Ecological Society of America, ESA）更是以此为主题，在《生态应用》（Ecological Applications）杂志上刊登了一组文章（Volume 6, Number 1, p12-32, 1996），引发了承载力研究的新热潮。

目前，承载力概念在人口、自然资源管理及环境规划和管理等领域都得到了广泛的应用和研究。在上述发展过程中，大量的承载力定义和量化模型得以提出，Hardin和Daily

等还进一步提出了生物物理承载力（Biophysical Carrying Capacity）、文化承载力（Cultural Carrying Capacity）和社会承载力（Social Carrying Capacity）等概念（Hardin G.，1986；Daily G.C.，1996）。

总体上，承载力的应用可分为生物学和生态学、应用生态学和人口生态学等三大方面（Seidl I.，et al.，1999）；从研究方法上看，又可分为特殊实证承载力（Specific Empirical Carrying Capacity）、一般实证承载力（General Empirical Carrying Capacity）和理论承载力（Theoretical Carrying Capacity）等三类（Lockwood D.R.，1998）；从具体应用上看，还可主要归纳为自然资源或环境对人口的承载力，某生境对特定生物的承载力和娱乐旅游承载力等三类，其中尤其是在土地承载力的概念、内涵和量化模型等方面取得了丰硕的成果（阮本清等，2001；郭秀锐等，2000）。

概括而言，（自然资源或环境对人口的）承载力是一个与资源禀赋、技术手段、社会选择和价值观念等密切相关的具有相对极限内涵和伦理特征的概念，它本质上是不固定的、非静态的和非单一关系的（Single Relationship）（Arrow K.，et al.，1995；Daily G.C.，1992；Cohen J.E.，1997）。应当指出，承载力概念在获得广泛应用和发展的同时，也在不同领域内均因为可操作性问题受到了众多的批评，Buckley 和 Lindberg 等学者（Buckley R.，1999；Lindberg K.，1997）认为它具有固有的模糊性和不确定性而建议废弃之。

综上所述，随着土地退化、环境污染和人口膨胀等问题的出现，承载力的概念被延展并应用至整个自然界，使得在不同的发展阶段，产生了不同的承载力概念，承载力概念和意义也发生着相应的变化。这种承载力概念的演化与发展是对发展中出现问题的反应与变化结果。从表面上看，不同承载力概念之间在意义上有较大转变，但实际上是相通的，一脉相承的，都是用以描述区域系统对外部环境变化的最大承受能力，即描述发展限制程度的概念。

2.1.3　城市综合承载力概念的提出

1. 概念提出

古希腊人最先考虑了城市规模问题（L.芒福德，2005）。而城市规模、城市容量等相关概念可以认为是城市综合承载力概念的雏形。

城市综合承载力是一个直接继承了承载力核心内涵的概念。生态学家通常将承载力定义为：一个自然或者人工的系统吸收人口的增长或有形的增长而不带来明显的退化或破坏的能力（Schneider，1978）。城市综合承载力（Urban Carrying Capacity，UCC）概念出现在2002年。基于如下假设（Kozlowski，1990）：存在某种环境的阈值，如果超越该阈值将导致环境严重并且不可逆转的破坏。城市综合承载力可定义为：一种人类活动、人口增长、土地利用、物质发展的水平，该水平能使城市人居环境系统可持续发展，同时不引起其退化和不可逆转的破坏（Oh，2002）。当环境阈值可被提前确定时，承载力方法可用于实践。例如由于基础设施的容量（承载力阈值）是明确的，所以可开展给水排水、交通等城市基础设施的承载能力评估（Oh，1998）。

国内涉及城市承载力的研究主要集中于城市容量、城市规模及完善城市功能的研究，试图解释城市发展的规模阈值。当一些学者面对城市规模难以预测的现实,也曾提出"开放的城市结构比规模预测本身更重要"的观点(赵燕菁,2005;杨保军,2007)。同时对城市生态系统承载力、城市交通承载力以及城市水资源承载力等做了研究。

我国明确提出城市综合承载力概念的是2005年1月建设部下发的《关于加强城市总体规划修编和审批工作的通知》。2007年全国建设工作会议提出,各级政府和相关主管部门要认真贯彻落实科学发展观,坚持以人为本,以最广大人民群众的切身利益为出发点,统筹城乡规划,在推进城镇化的同时,始终以提高城市综合承载力为核心(汪汀,2008)。

早期学术界具有代表性的有罗亚蒙、吕斌、叶裕民、陈淮、王东等所持的五种观点(牛建宏,2006;叶裕民,2007;陈淮,2006)。

罗亚蒙认为城市综合承载力包括两种,一是战略意义上的城市承载力,二是技术层面上的城市承载力。研究城市的综合承载能力,首先要解决战略意义上的承载力问题,主要包括:城市的地理基础承载能力,如水和土地等,这是最根本的承载能力,决定了城市能建多大;二是城市的功能,即城市的发展动力问题,决定了一个城市能有多大。

叶裕民认为,城市综合承载力是指城市的资源禀赋、生态环境、基础设施和公共服务对城市人口及经济社会活动的承载能力。城市综合承载力已经超越了原来资源环境承载力的概念,即整个城市能容纳多少人口,能承担多少就业,能提供什么程度的生活质量等,它是资源承载力、环境承载力、经济承载力和社会承载力的有机结合体。

吕斌认为城市综合承载力必须强调三个承载力:①基于粮食安全底线的土地承载力的问题,实际上是我们城镇化规模非常重要的一个约束条件;②环境资源承载力,即生态或环境的安全格局的问题,这个承载力也对我们城镇化的模式包括规模和速度,构成一种约束条件;③就业岗位的承载力。

陈淮认为:提高城市综合承载力需要有以下5个方面的重心:改造提升转换城市的产业结构,完善基础设施,提高交通效率,严控商务成本,减灾防灾。

王东认为影响城市综合承载力的因素在于人口资源的合理配置,比如人口的密度、环境的容量以及经济对资源开发利用的程度。他认为多中心的发展是提高城市综合承载力的需要。

由于"城市综合承载力"这一概念出现较晚,对其定义与内涵的理解尚存在一定的分歧和不足。但都认同城市综合承载力是用以描述城市系统对内外部环境变化的最大承受能力,是描述发展限制程度的概念。即都承认承载力存在一定的阈值,超越了该阈值会导致一系列承载能力失衡问题的产生。至此相对完善严谨的城市综合承载力概念完成了出现的过程,国内的时间段是在2005~2006年间。

2. 伴生的概念区分

需要区分的是两个伴生的概念:城镇综合承载力、城市群综合承载能力。

城镇综合承载力:始见于《国民经济和社会发展第十一个五年规划》,条文明确规定:"坚持大中小城市和小城镇协调发展;提高城镇综合承载能力,按照循序渐进、节约土地、集约发展、合理布局的原则,积极稳妥地推进城镇化。"2010年政府工作报告中也提出:"促进大中小城市和小城镇协调发展,着力提高城镇综合承载能力,发挥城市对农村的辐射带动作用，促进城镇化和新农村建设良性互动。"这是一个使用频率相对较高的概念。其与城市综合承载力的区分是，城镇综合承载力除了研究大中小城市的承载能力外，还涵盖对小城镇承载协调发展的研究。其实质是一样的。

城市群综合承载能力：其定义为"城市群整体在一定时期内可资利用的资源、生态环境、基础设施、公共服务等承载体对人口及经济社会活动等受载体的承载能力"（臧锐，2010）。是在研究城市群内各政府间合作机制过程中所提出的概念。主要的研究对象为城市群，目前研究成果仅见以政府合作的方式增强城市群综合承载能力的对策建议和分析框架。

2.2 城市承载力研究进展

由于不同的城市化发展道路和城市发展阶段，欧美的研究更多的是关注于城市郊区化阶段的研究。国内外专门立足于城市承载力的研究并不多见。因此关于研究动态除对核心的城市承载力研究进展进行总结外，适当补充了对城市发展影响因素（较多地关注物质约束、用地、结构等）、人类承载力（包括生态、社会经济等），对评估方法（主要是指标体系），对环境经济学，对可持续发展理念等相关背景研究的进展进行总结，以期提供一个较为完善的城市承载力及其密切联系领域的研究进展。

2.2.1 国外城市承载力研究动态

1972年《增长的极限》推动了承载力的研究、应用和发展，促进承载力这个概念被广泛应用于不同的科学领域。从野生生物种群到人类，一直到生态系统，乃至整个地球，如全球与区域最大可支持人口数量，城市（Meier，1978）、流域和区域规划，农业，旅游和娱乐管理等各个领域（张林波，2009）。

一些学者将承载力定义为自然或者人造系统能满足多方需求的能力，随后又指系统存在的防止不稳定性、退化及不可逆转发生的固有阈值（Godschalk and Parker，1975）。生态学家通常定义承载力为：一个自然或者人工的系统吸收人口的增长或有形的增长而不带来明显的退化或破坏的能力（Schneider et al.，1978）。

1. 关于城市承载力阈值客观存在的研究

主流经济学和生态学家（环保主义者）一直对客观阈值是否存在有争议。

主流经济学支持科技发展本身具有无限性，认为依靠科技进步，人类可以克服存在的资源环境问题。

协同演进路线提供了社会价值与生态演进思想的联系，从理论上沟通了环境问题与传统经济分析及经济政策的密切关系。

生态经济学家为分析可持续发展接受了制度主义方法与协同演进的方法（Opschoor & van der Straaten，1993；Gowdy，1994；Rennings et al.，1999；Soderbaum，1999；Faucheux，2001），呼吁设立标准以指导独立的社会、生态和经济的协同演进和可持续性。诺格德（Norgaard，1994）试图把协同演进分析从其生态层面提升到整个社会变迁，他特别论证了社会价值和技术在社会变迁的路径上的密不可分，这导致了环境退化和不平等。凯利斯

（Kallis，2005）则认为协同论演进方法是一种"纯理论指导而非具体的理论"。"生态上和经济上的最低安全标准"将抑制人类活动（Perrings，1995），来保证维持自然体系的承载能力和弹性。

至此，对于客观阈值存在的争议在主流经济学和生态学家（环保主义者）达到了初步的共识。

虽然科技进步可以减缓人类造成的环境影响和生态破坏，生态经济也可以大幅度减少资源消耗和污染物排放，但物质守恒定律和耗散结构分析表明科学和技术并不能真正有效地解决人类当前和未来面临的环境问题，无论是什么样的科学技术和人类经济社会活动都不可避免地会带来不可能消除的环境影响，大部分环境恢复技术在成功解决了某一特定污染问题的同时，会不可避免地带来其他环境影响（Huesemann，2001）。

在全球尺度上对人类所造成的生态环境影响的最新研究成果同样也使生态学家更加坚信地球承载力是确实存在的。如联合国等国际组织开展的全球千年评估研究、IUUC、NASA对地观察研究等。

生态灾变理论的提出从另一个角度为现代社会缺乏城市承载力证据以及超载可能导致的后果提供了理论依据。戴尔蒙德（Diamond，2005）描述了古今社会崩溃的一些案例，从中总结改变个人和政府价值观、实现可持续的资源利用与人口增长的经验。曾经创造了辉煌文明并以巨大石雕像而闻名于世的复活节岛由于无节制地发展而导致文明衰落，为城市（人类社会）承载力的存在提供了一个最具有说服力的实证（Nagarajan，2006）。

2. 城市承载力的影响因素及评价研究

Meier（1978）评价湄公河流域规划时所作的城市承载力研究更多的是从区域资源约束（尤其是水资源）对人口的承载层面进行分析，对城市承载力内在的特性（如交通、土地使用、居民的特征）作了说理式的分析。

其后的研究从资源环境约束层面扩展到了社会经济层面，并尝试从物质承载力、社会承载力、文化承载力等多个层面进行城市承载力研究。分析方法也从简单的非黑即白的推论和说理式的分析，过渡到仔细研究影响因素，构筑系统模型和指标体系，采用GIS等先进技术进行空间层面的系统化分析研究。

当作为关注人类发展的一个社会科学概念时，承载力也可定义为使自然系统能持续发展的适度经济规模（Seoul Development Institute，1999）。

假设存在某种环境的阈值，如果超越了将导致自然环境严重和不可逆转的破坏（Kozlowski，1990）。城市承载力则定义为：能使城市环境系统可持续发展，不导致其退化和不可逆转破坏的人类活动、人口增长、土地利用、物质发展的水平（Oh et al.，2002）。

影响承载力的因素可根据应用的目的和空间背景进行分类。早期的研究确定多种不同的承载力指标体系（Penfold et al.，1972；Godschalk and Parker，1975；Godschalk and Axler，1977；Daily and Ehrlich，1992）。

Godschalk and Parker（1975）建议土地利用条例规定的标准：执行准则、密度控制、环境决策制定面临的经济文化限制、政府结构、金融稳定等可作为公共机构承载力的决定因素。

Godschalk and Axler（1977）建议土壤、坡向、植被、湿地、景观资源、自然的危险源、空气和水的质量、能源的利用效率可作为影响承载力的因素。决定软承载力（Perceptual Carrying Capacity）因素通常包括人的态度、价值观、行为以及对控制它种承载力所表达的期望（Godschalk and Axler，1977）。

Onishi（1994）利用上水、下水、废弃物处置、铁路、道路和房屋等指标量化城市设施的承载力。此外，娱乐、教育和公共服务等指标也被用来评估。

与上述指标体系稍有不同，Kyushik Oh（2005）将承载力与4个主要分类联系在一起：环境生态类、城市设施类、公共意识类、公共机构类。从前述4类的承载力指标体系中可进一步发展出决定承载力的专用指标。

Kyushik Oh（2005）在其城市承载力指标评估体系中主要选取了以下7个指标：能源和绿地面积作为生态环境承载力的决定性指标；道路系统、地铁系统、上水、下水、废弃物处置作为城市设施的承载力的决定性指标。由于缺乏数据和研究的可操作性，公共意识类和公共机构类的指标被排除在其研究内容外。通过设定城市承载力的客观阈值，利用短板原理对指标的影响进行了排序，评判了承载状态的空间分布，并通过GIS实现了系统的操作。

3. 近期常见评价指标体系及评价方法

下文选择了4种常见的具有相当影响力的指数，通过介绍概念和计算方法，并总结使用后的评价，以展示比城市承载力更宏观领域内指标评价研究的发展。除生态足迹为环境压力指标外，这些指标试图从社会、经济和环境方面全面描述可持续发展（表2-1）。

对几种环境、经济和社会可持续发展能力指数的评价　　　　表2-1

		生态足迹（EF）	环境可持续指数（ESI）	可持续发展指数（SDI）	福利指数（WI）
优点		计算简便，信息明晰	将评价范围从环境压力延伸到环境质量和社会响应	涵盖并拓展了基本的可持续发展维度，包括人权和自由	覆盖面较宽
		将可持续发展能力界定为符合生态承载力限度	目标明确：评估获得可持续发展能力的可能性	数据可定期轻松获得	对人类和生态系统的状况分别进行评估，再进行汇总
		适应于不同的地区	数据和评估过程较为透明		数据范围广
		环境状况的国际比较：国家排名	国际比较：国家排名与形象		
缺点		对生态承载力极限设定存在争议	"潜在"可持续性的含糊概念	缺乏可持续性和发展的概念	福利、幸福生活和可持续发展间，几乎不存在联系
		将环境影响转化为相应的面积、范围和覆盖面较为困难	对不同变量和指标采取相同权重	选取指标时根据的是数据的可获得性，而不是对可持续发展的作用	指标选择和数据可获得性不强
		运用时涉及主观判断：环境服务的自给自足和平均分布的假定	与经济增长和发展没有直接联系	对不同指标采用相同权重，指标间存在相同关系	对不同指标采取相同权重，指标间存在相关关系，可能扭曲对幸福感的影响，使国际排名产生偏差

资料来源：彼得·巴特姆斯. 数量生态经济学 [M]. 北京：社会科学文献出版社，2010

生态足迹（EF）是指在普遍使用的技术水平下，国家或地区自然资源消耗和废弃物容纳所需的生态承载面积。包括生态性生产领域的6项主要类别，是个环境压力型指标（Wackernagel & Rees，1996；Redefining Progress（1994~2004））。

生态足迹指标主张应该对是否满足或超过生态生产力领域内的人均"公平份额"进行测度（Venetoulis et al.，2004）。

环境可持续指数（ESI）包括20项指标，68个变量，涉及环境质量及其对人类健康的影响，人类、社会和制度解决这些问题的潜在能力，以及社会通过政策、高环境效率的技术和国际公约与合作措施，旨在评价在既定环境和社会条件下达到高产出的能力。由于未与经济表现有直接联系，基本为一个前景展望的环境计量方法。

可持续发展指数（SDI）通过设定政治、社会、人口、环境等14个指标，通过指标的算术平均值，评价总体（发展）可持续性。SDI以国家排名的形式显示了各国"向可持续发展的进展"（Novacek & Mederly，2002）。

福利指数（WI）：Prescoot-Allen（2001）开发了福利指数。自然和自然资源保护国际联盟（IUCN）和国际发展研究中心（IDRC）后来采用该指数作为综合评估办法（Sustainability Now，2006）。该指数基本上采用了可持续发展指数的办法，扩大人类发展指数领域，并对指标进行了平均计算。

2.2.2 国内研究动态和发展方向

作为承载力研究和城市发展的自然结合，目前国内的城市承载力研究集中出现于2005年以后，成果并不丰富，主要借鉴了承载力领域和城市发展制约因素领域的研究思路和方法。为保证对研究动态把握的全面和完整性，下文将分别从承载力研究、城市承载力研究和城市发展制约因素研究3个方面总结国内研究动态和发展趋向。

1. 承载力研究

1986年由中国科学院自然资源综合考察委员会主持的《中国土地资源生产能力及人口承载量研究》，为目前公认国内最早的有关承载力的研究。整个国内承载力研究的发展主要遵循土地承载力，到自然资源承载力，再到相关专业领域承载力（如水、环境、城市生态等）的发展脉络。空间对象，从主要定位于一个国家或者一个地区等大尺度研究对象转变为聚焦于狭义的城市区域研究。研究的方法，从早期的比较粗糙的建模，向充分考虑各影响因子，并采用最新的技术手段（GIS、RS等）方向发展，以提高结果的精度和可用性。对承载力研究的早期进展许多学者（陈百明，1991；聂庆华，1993；封志明，1994）曾作过系统的总结。该时期的土地承载力研究实质上是围绕耕地—食物—人口展开的，它以耕地为基础，以食物为中介，以人口容量的最终测算为目标，同时研究往往将区域土地承载力系统作为一个孤立、封闭的系统，强调其空间限制性。

进入21世纪，随全球经济一体化、中国加入WTO的宏观背景下，原有的承载力研究思路已经不能适应时代的发展。郭秀锐等（2000）、王书华等（2001）分别就该时期土地承载力研究的最新发展作了总结。郭秀锐主要总结了土地承载力的计算方法。主要分为三类：一是根据环境因子潜力结构即气候潜力结构和土壤潜力结构来计算土地生产潜力；二是根据植被潜力结构来计算土地生产潜力；三是系统动力学方法，综合考虑影响土地生产潜力的多种因素，把某区域的承载力看作一个整体系统，对人口容量进行动态的定量计算。王书华结合新形势，比较详细地提出了土地承载力研究急需加强的几方面研究：一是土地承载力"综合"研究，承载的对象拓展到人类的各种活动；二是支撑系统研究；三是动力系统研究；四是不同区域的类型研究和预警机制研究。他还在中国东部沿海地区进行了其提出的土地综合承载力指标体系的实践。

其后国内承载力的研究较多地转入专业领域的研究，并着眼于与城市空间的结合。如城市交通系统人口承载力（李振福，2004；张小琴等，2012）、城市生态系统承载力（徐琳瑜，2005；覃盟琳等，2011；殷培杰等，2011）、城市水环境承载力（赵然杭，2005；王艳等，2012）、城市旅游环境承载力（王友明，2011）等的研究。同时对承载力概念固有的模糊性和不确定性进行反思（龙腾锐，2004）。传统意义上的土地承载力研究向精细化、综合化发展，如珠江三角洲地区土地资源承载力研究提出了土地承载力的新定义和针对珠三角地区的新计算方法（周纯等，2003），并开始研究特殊类型城市——资源枯竭型城市的土地综合承载力（倪超等，2011）。这一时期出现了国土资源承载力、自然资源承载力、矿产资源承载力、土地资源承载力、环境承载力等一系列衍生概念。对具体承载力概念的评价也走向定量和综合（齐亚彬，2004）。

2. 城市承载力研究

概念出现的背景及过程参见 2.1.3 节。在此不再赘述。

李东序（2006）指出，结合目前我国城镇发展现状，欲提高城镇综合承载能力，应重点加强以下6个方面工作：加快推进经济结构调整和增长方式转变，切实做好城镇规划工作，统筹城乡区域发展，加强城镇基础设施建设，提高城市管理水平，切实转变政府职能。

程晓波（2006）列举了我国城镇化过程中的突出问题，并分析了其根源。提出应综合考虑资源环境承载能力和城市发展潜力，坚持大中小城市和小城镇协调发展，按照循序渐进、节约土地、集约发展、合理布局的原则，协调城镇化与支撑城镇发展各要素之间的关系，提高城镇综合承载能力，增强城镇发展的可持续性，并提出了实施的五大关键环节。

金华市统计局（金华市统计局课题组，2006）也专门组织课题组进行金华市城市承载能力的研究，课题组认为提升承载能力的着力点为土地承载能力、环境承载能力、基础承载能力。

2007年中国科学技术协会委托以吕斌教授为首的专家团队进行了中国城市承载力及其危机管理的课题研究（中国科学技术协会，2008）。通过构建环境、土地、水、交通等要素指标，熵值法（均方差决策法）赋指标权重，加权计算综合承载力相对值，排序进行研究，并对中国五大城市群进行分组研究，开启了采用指标体系对城市承载力进行研究的大门。其部分研究成果：《中原城市群城市承载力的评价研究》（吕斌，2008）发表于2008年的《中国人口、资源与环境》，《中国城市承载力区域差异研究》（孙莉，2009）发表于2009年的《城市发展研究》。

随后类似思路的研究成果纷纷出现：欧阳敏（2009）等利用修正后的指标体系（在原环境、土地、水、交通次级指标加入了人口指标）采用相同的方法研究了长株潭城市群7

座城市的城市承载力；高红丽等（2010）利用修正后的指标体系（在原环境、土地、水、交通次级指标加入了科技指标）研究了成渝经济区15座城市的综合承载力；杨柳等（2010）利用修正后的指标体系（资源、环境、社会、经济次级指标）研究了河北省11座城市的综合承载力；陈娟等（2010）采用修正后的指标体系（人口、经济、资源、环境、城市基础设施及外部支撑力等次级指标）研究了湖南长沙等8个城市的综合承载力。张小富等（2011）选取土地、水资源、交通、环境和人口要素承载力指标，建立城市综合承载力评价指标体系，研究了广西北部湾经济区6个城市的承载情况。

龙志和等（2010）利用状态空间法，分压力、承压和潜力三大类指标，通过主成分分析确定权重，对广州2002~2007年的承载力变动情况进行了分析，开启了利用状态空间法进行单城市承载力时序变动分析的先河。

谭文垦等（2008）对城市承载力的若干理论问题进行了研究，界定了其内涵，指出了目前研究存在的问题，并建立了分析的理论和现实模型，对城市承载力的承载机制进行了探讨。

李东序等（2008）也对城市承载力的研究进行综述，并提出了城市承载力的概念，模仿倪鹏飞的中国城市竞争力模型，提出了弓弦箭的结构模型，并分析了承载力的耦合机制。

吕光明等（2009）依据可持续发展与城市综合承载力的关系，提出了一个包含经济承载力能力、资源承载能力、环境承载能力的城市综合承载力理论分析框架。

傅鸿源等（2009）对城市承载力研究进行了综述，阐述了内涵，提出了提高城市综合承载力的方法和途径。

李长亮等（2010）对城镇承载力进行了研究，提出了其概念定义和构成（资源、经济和社会承载力），并分析了城镇化与城镇承载力的关系，提出了一些提高承载力的决策建议。

王丹等（2011）提出了基于微观层面的承载力空间层面差异性分析方法，通过构筑指标体系，AHP分析法赋权，并利用自定义公式计算分值，实现1km×1km网格分辨率的常州市全市域的城市承载力分布研究。其利用高分辨率的空间单元进行城市承载力全市域的空间分异研究是城市承载力研究中的一个突破。但也存在指标体系涵盖不全，赋值及计算方法简单，未区分城市内部空间等不足。

孔凡文等（2012）界定了城市承载力的概念和内涵，并提出利用供给能力及人均需求标准，计算可承载人口的数量，并依此确定城市现状及未来的承载能力的测算思路。

3. 相关城市理论背景研究与特定因素的作用研究

城市理论背景研究包括城市容量、城市规模、城市增长上限等概念，以及内涵、约束机制等的研究。

该部分的研究成果主要包括：朱喜钢（2000）认为城市容量的研究若能在人地关系的基础上更好地结合城市空间结构与空间关系的研究，必定会使城市容量的研究跃上新的台阶；从经济学角度对最优城市规模的临界点和理论困境进行探讨（田莉，2009）；从城市规模约束角度探索城市化可持续发展，提出人口规模需受自然资源承载能力制约的思想（程俐骢，2009）；从区域尺度探索城市规模演变及空间特征（王颖等，2011）；探索城市规模与交通拥堵的关系（宋博等，2011）；以及在生态系统稳定前提下对城市空间增长上限的研究（张有坤等，2012）。

特定因素对城市综合承载力的作用研究主要包括从宏观层面——城市总体和微观层面——内部空间（街道）对人口、基础设施、道路网络等因素对城市综合承载力的影响作用进行定性分析，定量实证研究。

董玉芬等（2009）从宏观层面对北京市人口承载力进行了定性的分析，提出自然资源（能源）、城市基础设施，社会公共服务设施，经济资源与就业、生态环境等方面是制约人口承载力的因素，并提出了改进措施。

鹿勤等（2009）从城市内部空间层面（规划体系内对应控制性详细规划，空间层面对应街区）对综合承载力应用进行研究，提出了内部空间承载力研究需考虑综合经济实力与职能定位，综合交通能力或交通设施承载力，公共设施服务能力或公共设施承载力，市政设施服务能力或市政设施承载力，空间环境容量或空间环境承载力等分要素承载力的研究思路，并给出了各要素承载力与控规指标的对应，但未提出方法论，也未进行实证研究。

朱吉双等（2008）对城市道路网络承载能力影响因素进行分析，提出了区域备用能力为度量需采用的较优指标。

周珂等（2009）研究了城市承载力影响因素之一的基础设施承载力在各个规划阶段的应用，提出一种基于基础设施承载力制约的主动规划方法构建模式。

赵楠等（2009）通过构建基础设施指标体系，采用主成分分析和聚类分析法，对北京市1986~2006年间的基础设施承载状况进行了实证研究。

苑维松等（2009）研究了现代服务业对城市承载力的影响，臧锐等（2010）研究了政府间合作机制对城市群承载力的影响，张中秀等（2012）研究了市政管网承载力的评价方法。

2.2.3 评价方法的发展

城市综合承载力概念由于出现较晚，相关的研究成果都以定性分析为主，评价方法较为单一。承载力与城市科学研究领域研究方法较为多样，且相对成熟。而城市承载力概念是承载力概念与城市研究领域的自然结合，后两者的评价方法可直接应用于城市承载力研究的方向。因此下文主要总结承载力与城市科学两个研究领域的评价方法的发展。

随着计算机技术的进步，评价方法总体的发展是从初期的面向单个目的的应用到集成的、网络的、日常事务性的应用。从面板数据静态的分析到时序的、空间的、动态的分析。

新一代的 GIS 除了具有强大的空间分析功能外，还整合了决策支持系统（DSS）的半结构化（模型的定制与评判规则的定制）特点，同时整合了强大的网络功能，是评价方法最新的系统化发展方向。未来结合物联网和云计算技术，可承担多种尺度的城市承载力监测、评估和预警工作。目前的研究水平只进展到典型城市（如北京、上海等）基于统计数据的街道尺度的分析。

承载力的研究方法通常分为种群数量的 Logistic 模型法、资源供需平衡法、指标体系法、系统模型法等四类（王开运，2007）。本研究结合城市承载力研究的实际，在上述四类的基础上，按是否适合城市承载力研究，分为指标体系法、系统模型法和空间计量法。

Logistic 模型法最初应用于马尔萨斯的人口理论研究，是经典的承载力研究方法，开创了简单有效的承载力描述性研究的时代。但基于 Logistic 的承载力或许可用于资源有效利用条件下短期潜力的粗略分析，而对于多尺度、多因素、考虑干扰和过程效应等进一步要求，则难以胜任（Mcleod，1997）。

资源供需平衡法着眼于对承载机制的研究，通过承载体的功效来体现承载体和承载对象之间对资源的供需对比，表现承载力的绝对大小。初期以 NPP 估算研究为主，随后出现了生态足迹法（Rees，1992）、能值核算（Brown & Ulgiati，1997）、物质流核算（欧盟统计局，2001），到目前的利用环境和经济核算框架进行绿色经济核算。从实物评估过渡到货币评估，实现对环境影响的精确测算。

1. 指标体系法

指标体系的实质是在实际应用中对理论框架的信息具体化。在承载力研究中，指标体系通过组合一系列反映承载力各个方面及相互作用的指标使其模拟系统的层级结构，并根据指标间相互关联和重要程度，对参数的绝对值或者相对值逐层加权并求和，最终在目标层得到某一绝对或者相对的综合参数来反映系统承载状况。出现于 20 世纪 70 年代的早期指标体系由于未考虑可持续发展因素，且对加权未做深入研究，仅作为一种过渡性的尝试，目前研究已基本不再采用。自 20 世纪 90 年代承载力概念框架发展以来，指标体系法逐渐完善与成熟，因其简洁、全面和非线性的特征，成为应用最广的一大类方法。

（1）其理论框架研究主要包括基于系统论的 P-S-R 框架即压力—状态—响应概念框架，以及在此基础上发展成的 P-S-I-R、D-P-S-I-R 模型框架（左伟，2003）

P-S-R（pressure-state-response，压力—状态—响应）框架由 OECD（Organization for Economic Co-operation and Development，经济合作与发展组织）1991 年建立。压力指标指人类活动对环境资源的直接压力影响，例如：废物排放，废物处理，公路网的密度，捕鱼和煤矿开采；状态指标指环境当前的状态或趋势，也是由压力引起的环境问题的物理可探测特征，例如：污染物浓度，物种多样性，洁水的可用性；响应指标：指环境政策措施中的可量化部分，直接或间接影响另外两者，如自然资源的税收水平，保护区面积等。

（2）指标体系计算方法主要涉及指标体系的设计，计算准则的选择，权重的选择三个方面

指标体系的设计包含在一定应用目标下对基本理论框架的适当修改，以及体系框架下指标的筛选。指标筛选的目的是搜索和选择关联度小，重要值大，能够包含大部分信息的系列指标，较大地取出系统冗余，实现以较小的计算代价相对全面真实地反映一定应用目标。筛选的方法主要采用数理统计方法，如频度统计（郑丽波，2004）、极大不相关法，以及应用与权重分析的方法，如层次分析法、主成分分析法、模糊数学法等等。

计算准则的选择是实现承载力评价的具体步骤，基本的出发点是计算压力与支持力的相对大小，通过承载度或者负荷度体现。目前主要采用的方法有：

1）短板效应法：根据短板效应，取单项承载潜力中最小的因子直接分析，或经过修正系数调整后作为综合承载力值。在分析城市系统承载力分因素影响时为目前常采用的直观、较原始的方法。Oh（2005）利用短板效应分析了首尔内部空间对人口承载的约束因素；

吕斌等（2008）对中原城市群城市承载力的评价研究，孙莉等（2009）对中国城市承载力区域差异研究也分别利用短板效应分析了城市承载力内在的主要影响因素。

2）直接求和法：是某一层次指标将其下级指标的承载力相对值在引入权重进行调整后，直接求和得到该指标的相对值；例如高吉喜（2001）按照生态弹性能力、资源承载能力和环境承载能力构建的压力—支持—响应体系中即采用求和法计算，其承载指数见式（2-1）：

$$CCS = \sum_{i=1}^{n} S_i \cdot W_i \quad (2-1)$$

式中　　S_i——每个承载分量大小；

　　　　W_i——权重。

压力指数为相同方法求得。中国城市承载力及其危机管理的课题研究及其后出现的欧阳敏等（2009）、高红丽等（2010）、杨柳等（2010）、陈娟等（2010）的研究成果均采用此法。

3）状态空间法：状态空间是欧氏空间用于定量描述系统状态的方法，通常由表示系统各要素状态向量的三维状态空间轴组成。龙志和等（2010）对广州 2002~2007 年的城市综合承载力变动情况的研究即利用状态空间法，分压力、承压和潜力三大类指标。其承载指数见式（2-2）：

$$CCC = |M| = \sqrt{\sum_{i=1}^{n} w_i \cdot x_{ir}^2} \quad (2-2)$$

式中　　CCC——城市承载力值；

　　　　$|M|$——代表城市承载力的有向矢量的模；

　　　　x_{ir}——城市人类活动与资源环境处于理想状态时，在状态空间中的坐标值，$i=1$，2，…，n。

其研究考虑了人类活动与资源环境各要素对城市总承载力所起的作用不同，与传统状态空间法不同，采用了状态轴进行权重修正，w_i 就是 x_i 轴的权。

权的计算和确定有多种方式，按照权数产生方法的不同可分为主观方法和客观方法（郑丽波，2004）。主观定权的方法有德尔菲法（Delphi）、相邻指标比较法、功效系数法、层次分析法（AHP）等。客观定权的方法有熵值法（又称均方差决策法）、主成分分析法、因子分析法、变异系数法和复相关系数法等（陈述云，1995）、投影寻踪法等。

2. 系统模型法

参数数据、指标体系、运算法则、权重相互结合，完成对区域巨系统的模拟和抽象，成为一套整合的模型系统。模型系统的运行和输出，实现了对现实区域系统承载力及承载状况的模拟和反映。从空间尺度上可分为封闭系统和开放系统，判断的标准是系统是否与外界有物质、能量、信息的输入和输出。从时间尺度上，分为静态和动态，其标志是是否在计算中将时间作为变量。在研究目的上，分为单目标模型和多目标模型。目前的承载力研究中多目标模型潜力较大。

通常采用的数学模型方法有常规趋势法、模糊数学法、人工神经网络、数据包络、系统动力学等方法。当涉及多目标规划时，早期常采用线性规划法，目前多使用多目标与灰色系统（模糊数学）原理，多目标与系统动力学组合的方法，以及遗传算法、模糊选优模型、粒子群优化算法等进行目标优选。由于涉及的数据量较少（都为统计数据），小波分析方法基本未被采用。下面就常规趋势法、模糊数学法、人工神经网络、数据包络分析、系统动力学等5种常规的模型展开说明。

（1）常规统计法：线性回归模型、多元回归模型

常规统计法是一种采用统计分析的方法，是选择单项或多项指标，拟合回归方程并预测未来区域承载阈值的简便方法。多元回归模型是目前模型建构向非线性化发展的重要特征。对于后期结果分析中的分类常采用聚类分析方法。Logistic方程实质上可视为最原始的回归模型。如赵先贵等（2005）用回归拟合了陕西省未来20年的承载力趋势。

（2）模糊数学（灰色系统）

指与经典数学形式逻辑相对的采用模糊逻辑的一类评价模型，包括常用的灰色系统模型、模糊综合评价，以及与物元分析理论结合的模糊物元模型。灰色系统建模思想是直接将时间序列转化为微分方程，从而建立抽象系统的发展变化动态模型，即GM（Grey Dynamic Model）模型。早期承载力分析中常用的是GM(1,1)，如张明辉（2006）、程丽莉（2006）等的研究成果。

模糊综合评价法直接构建目标层、因素层，用模糊矩阵沟通目标层、因素层的联系，实现评价的过程。张鑫等（2001）利用模糊综合评判方法研究了关中平原地下水资源承载力。此外还有朱一中（2003）、闵庆文（2004）等人的研究采用此法。模糊物元分析则是建立复合物元分析矩阵，通过隶属度计算关联度，通过对关联度的比较，实现分析过程。简要说明如下：根据物元分析理论，物元有"事物、特征、量值"三要素，如果量值要素具有模糊性，则这样的物元就是模糊物元。

$$\text{模糊物元} = \begin{bmatrix} & \text{事物} \\ \text{特征} & \text{模糊量值} \end{bmatrix}, \text{即 } R = \begin{bmatrix} & M \\ C & u(x) \end{bmatrix} \qquad (2-3)$$

其中M表示事物，C表示事物特征，$u(x)$表示与事物特征C相对应量值x的隶属度。隶属度$u(x)$可作为关联系数，形成对应关联系数矩阵，采用加权平均集中处理等方法可求解关联度，实现评价过程。刘玉邦等（2009）利用模糊物元对长江上游水资源承载力进行了综合分析。

（3）人工神经网络（BP）

人工神经网络是20世纪50年代产生，80年代以来发展起来的一种处理复杂非线性问题十分有效的手段。目前，应用最为广泛的神经网络之一，是由Rumelhart等人于1985年提出的前馈网络（Back-Propagation Network）模型，即BP网络模型。人工神经网络在处理高维、非线性模式识别方面表现出了很好的特性，而资源承载能力综合评价实质上是一种依据评价指标对待评价样本进行模型识别的问题，因此，应用神经网络方法进行资源承载能力评价具有非常现实的意义（王学全，2007）。目前将人工神经网络系统应用主要集中在水资源承载力研究，并已取得了良好的效果（余卫东，2003）。

（4）数据包络分析（DEA）

数据包络分析法（Data Envelopment Analysis, DEA）由美国著名的运筹学家查恩斯等于

1978年首先提出（Charnes，1978），之后查恩斯和我国的魏权龄教授分别进行了完善，是用来评价具有多种输入和产出的部门或单位（称为决策单元，DMU）的相对有效性的一种运筹学方法（魏权龄，1988）。承载力研究中使用DEA方法并不多见，目前仅见刘晓平等（2008）基于数据包络分析（DEA）对2004年20个省级行政区水资源相对承载能力的研究。

（5）系统动力学（SD）

系统动力学（System Dynamics）由麻省理工学院Jay W. Forrester教授于1956年创立。这是一种研究复杂系统的计算机实验仿真方法，它通过建立DYNAMO模型并借助于计算机仿真，定量地研究高阶次、非线性、多重反馈、复杂时变系统的系统分析技术。如英国科学家Malcom Sleeser采用系统动力学方法，综合考虑人口、资源、环境与发展之间的关系，提出了承载能力估算的综合资源计量技术，即ECCO（Enhancement of Carrying Capacity Options）模型。可以模拟不同发展策略下，人口变化与承载力之间的动态变化，并在一些国家得到成功的运用。由于SD能将包括社会经济、资源与环境在内的大量复杂因子作为一个整体，对一个区域的人口容量及承载能力进行动态、多目标的定量计算。因此在城市可持续发展、资源、环境、社会经济复合系统的研究方面，动力学模型有着很大的应用空间（张荣等，2005；施国洪、朱敏，2001）。典型的承载力应用有陈传美等（1999）利用系统动力学模型对郑州市土地承载力研究，车越等（2006）利用系统动力学模型对崇明岛水资源承载力的评价和预测研究。

3. 空间分析方法

城市综合承载力研究与传统承载力研究的不同在于，由于城市分布着密集的人口，而空间中分布的人及其活动对城市物质、社会等支撑系统的压力是其研究关注的重点，也是提出城市综合承载力这一概念的初衷。因此，它与水、土地、资源、环境等强调宏观层面的承载力概念不同，更多地强调城市内部系统的承载能力在时间空间上的变化。

随卫星遥感技术的发展，数据的积累使空间统计发展成为了可能。

（1）传统RS/GIS空间分析

常用的有空间可视化、空间统计查询、空间量算、缓冲区分析（Buffer Analysis）、邻近分析（Proximity Analysis）、叠置分析（Overlay Analysis）、网络分析（Network Analysis）、空间插值等。面对海量数据的管理时，常采用成熟的数据库技术，同时针对特定应用常建立专门的空间索引（谭文垦等，2009）。RS技术主要作用是提供大面积高分辨率时序数据。承载力的数据较为离散，因此较多的分析用到缓冲区分析（Buffer Analysis）和叠置分析（Overlay Analysis）。如Oh（2005）即对上水、环境等指标使用了叠置分析，以显示综合指标在空间上的分布。张继承等（2011），徐庆勇等（2011），郑楠等（2011）等人的工作为近期基于RS/GIS进行综合评价的典型研究成果。

（2）基于ESDA的空间计量

又称空间统计分析，是揭示空间事物和现象的空间依赖性和空间异质性的一系列分析方法和技术，是GIS研究的前沿领域之一。

空间自相关是空间依赖的主要形式（孟斌等，2005），且空间异质性可视为空间依赖性的一种特殊情况，因此空间统计分析的核心是认识与空间位置相关的数据间的空间依赖、关联或空间自相关，涉及空间权重矩阵的构建、空间自相关的度量与检验、空间关联的识别等（Anselin，1995；陈斐，2002）。

1）空间权重矩阵

空间权重矩阵是进行空间自相关检验的前提和基础，是空间统计学与传统统计学的重要区别之一，它是空间单元间潜在的相互作用力量的表达。不同的空间权重矩阵所得到的空间自相关结果存在一定差异，构建适合的空间权重矩阵是空间统计分析最困难和最具有争议的问题之一（马荣华，2002；孟斌等，2005）。

通常定义一个二进制的对称空间权重矩阵 $W_{n \times n}$ 来表达 n 个位置的空间邻近关系，矩阵形式如式（2-4）：

$$W = \begin{bmatrix} w_{11} & w_{12} & \cdots & w_{1n} \\ w_{21} & w_{22} & \cdots & w_{2n} \\ \cdots & \cdots & \cdots & \cdots \\ w_{n1} & w_{n2} & \cdots & w_{nn} \end{bmatrix} \quad (2\text{-}4)$$

式中 w_{ij}——空间单元 i 与单元 j 的邻接关系，它可以根据邻接标准或距离标准来度量。

2）全局空间自相关

用来分析空间数据在整个系统内表现的分布特征，一般用 Moran 指数 I（Moran，1950）、Geary 指数 C（Geary，1954）测度。

Moran 指数 I 是最早应用于全局聚类检验的方法（Cliff and Ord，1973）。它是检验整个研究区中邻近地区间是相似、相异（空间正相关、负相关），实施相互独立的。计算公式见式（2-5）：

$$I = \frac{\sum_{i=1}^{n}\sum_{j=1}^{n} w_{ij}(x_i - \bar{x})(x_j - \bar{x})}{S^2 \sum_{i=1}^{n}\sum_{j=1}^{n} w_{ij}} \quad (2\text{-}5)$$

式中 x_i、x_j——观测值；

$\bar{x}$——观测值的平均值；

S^2——方差；

w_{ij}——空间权重矩阵（如以区域 i 和 j 的距离是否小于 d 或是否相邻设定空间权重：区域 i 和 j 的距离小于 d 或相邻，$w_{ij}=1$；其他，$w_{ij}=0$）；

$I(d)$——在选定距离 d 的情况下的 Moran 指数；

n——观测点个数。

对于空间自相关计算结果，需要进行显著性检验。通常使用空间自相关指数的标准化统计量 Z 值来检验 n 个空间单元是否存在显著的空间自相关（Anselin，1988）。Z 值的计算公式见式（2-6）：

$$Z = \frac{I - E(I)}{\sqrt{VAR(I)}} \quad (2\text{-}6)$$

式中　　Z——检验值，用来检验在一定的置信度区间内所得结果的可信度；

　　　　$E(I)$——期望值；

　　　　$VAR(I)$——变异系数。

当 Moran's I 为正时，在距离 d 的范围内的观测值有趋同的趋势；当 Moran's I 为负时，在距离 d 的范围内的观测值有不同的趋势；当 Moran's I 为零时，观测值属于独立随机分布。

3）局部空间自相关

局部子系统所表现的分布特征，具体表现形式包括空间集聚区、非典型的局部区域、异常值或空间政区（Spatial Regimes）等，目前常用的分析方法主要有 Getis 和 Ord 提出的 G 统计量（Getis and Ord，1992；Ord and Getis，1995）、Anselin 提出的由一系列局部空间关联指数构成 LISA（Local indicator of spatial association）方法和相关的 Moran 散点图（Anselin，1995、1996）。

在此仅介绍局部 Moran 指数的定义和检验方法及其相关统计含义。区域 i 的局部 Moran 指数用来度量区域 i 和它领域之间的关联程度，定义见式（2-7）：

$$I_i = \frac{(x_i - \bar{x})}{S^2} \sum_{j \neq i} w_{ij}(x_i - \bar{x}) \qquad (2-7)$$

在给定的显著性水平下，当 I_i 显著大于 0 时，表明空间单元 i 与其领域存在正的空间自相关，相似的值（高高或者低低）发生集聚；当 I_i 显著小于 0 时，表明空间单元 i 与其领域存在负的空间自相关，不相似的值（高低或者低高）发生集聚（Anselin，2003）。

随着空间计量研究的日趋普及和分析计算的不断发展，专门化的空间计量软件逐渐增多。ArcGIS 9.0 软件新增的空间统计工具包，能方便地实现上述指标的计算。如 Moran 指数 I 和 Geary 指数 C 的具体步骤是：

ArcToolbox → Analyzing Patterns → 选 Spatial Autocorrelation（Moran's I）计算 Moran 指数 I，选 High-Low Clustering（Getis-Ord General G）计算 Geary 指数 C。

Anselin 编制的 GeoDa 可用于空间分析；CSISS 可用于空间计量和空间统计；Kirill Pankratov 基于 Matlab 的空间和地质分析工具箱（Spatial and Geometric Analysis Toolbox，SaGA）有许多功能，如可用于生成空间权重矩阵。

目前基于空间计量方法的城市综合承载力分析研究几乎未开展。在承载力研究领域已见零星的研究成果。如张燕等（2009）运用空间统计分析与 GIS 技术的综合集成方法，研究 2000 年和 2006 年中国 31 个省（市、自治区）的区域发展潜力和资源环境承载力的空间关联性规律及其演变过程。但在城市研究领域中，近几年已经有了飞速发展，马晓冬（2004）、储金龙（2006）等应用 ESDA 对区域城镇群体空间、城镇用地空间扩展等问题进行了探索性研究，孟斌等（2005）则对城市内部房地产价格的空间自相关特征进行了相关研究，宣国富等（2010）对上海中心城区社会空间的研究，董青等（2010）基于引力模型和 ESDA 对中国城市群体系空间结构的研究，高军波等（2011）对广州城市公共服务设施空间分布的研究，刘涛等（2012）对城市规模空间集聚的研究，夏永久等（2011）、蔡芳芳等（2012）、刘虹等（2012）分别对安徽县域经济综合竞争力，江苏及关中城市群县域经济的空间发展模式进行研究。

2.3 国内外研究述评

承载力概念存在固有的不足：由于模型设立了严格的假定，参数 r 和 k 都不随时间而变化；而环境能提供稳定的营养物质和资源的供应；人口空间分布的边界是固定和已知的；选择的系统是一个封闭系统，不允许人口的迁徙（移入或者移出），也不允许出口和进口。因此，McLeod（1997）在分析了不同的计量承载力模型和方法后认为，这些模型不能反映系统的复杂性质、不确定性和环境变化的随机性。因此，承载力概念仅能计算变化固定或者细微的系统，或者对于复杂变动的系统，仅能计算其短期的能力，而对于长期趋势的评估无能为力。

对于城市综合承载力而言，除了继承了承载力固有的缺陷外，还包含了城市这个复杂巨系统所特有的不足。

2.3.1 内涵模糊，可操作性差

不同学者由于其背景和研究着眼点，以及研究可操作性的不同给出了不同的内涵。罗亚蒙的看法偏重宏观环境的影响。陈淮的看法偏重城市内部的影响。叶裕民的见解比较全面，但是其可操作性存在一些不足，经济承载力和社会承载力目前的研究偏重定性的分析，定量的研究成果尚不多见。吕斌的见解可操作性很强，但是缺乏对城市综合承载力概念一个全面的刻画。王东则提出了一种提高承载力的有效措施，但是其实证研究非常困难。相比较而言，韩国学者 Oh（2005）对城市综合承载力概念的理解具有较强的可操作性，如果加入社会经济方面的指标体系将非常完整地解释城市综合承载力概念，其方法论也便于同类研究的开展。

2.3.2 与推动城市发展的主要力量——科技创新脱节

上述城市综合承载力概念基本定位于横向的评估，即一定时期，一定科技水平条件下。对于纵向的，即承载能力时序变化缺乏一个明确的评价。没有考虑科技进步对城市承载能力可能的影响是上述理解的最大不足。科技进步将极大地改变人的消费模式、基础设施的效率，以及资源环境的硬性约束。实践中，现状的城市规模屡屡突破预测的规划规模，即是这种不足的反映。同时也影响城市综合承载力这个概念的科学性和应用范围。

2.3.3 评价方法需进一步精细化

目前的研究对物质环境承载能力的评价较多。其方法论主要使用两种：一种是构筑指标体系进行评价；另一种是按图基于 GIS 进行统计，根据木桶原理找出其中最差的环节，进行评价。后一种方法其科学性、直观性、成果的易管理性较前一种为好，但是数据收集、技术实现难度大，并且目前的评价方法普遍存在指标选取不够全面，研究数据不够翔实的问题。

城市综合承载力的研究正处于初步开展阶段，尚有诸多问题需要深入探讨。同时，没有考虑作为主要承载对象人的忍受力也是目前对城市综合承载力理解的一个不足。不同地区、不同城市、不同年龄段的城市人口对城市生活的需求是不同的。如果假定忍受能力均一，显然是不科学的。

第 3 章

理论探索与评价方法研究

3.1 承载力模型构建

3.1.1 承载力理论模型的发展

最基本的承载力模型是Verhulst-Pearl Logistic方程（式3-1、图3-1），是由Verhulst于1838年利用马尔萨斯人口理论研究19世纪初法国、俄罗斯等国人口增长时提出（Verhulst，1838）。研究结果表明这些国家和地区的实际人口数据与Logistic方程吻合结果比较理想。1920年Pearl等在不知道Verhulst研究成果的情况下，在研究美国人口数据时同样独立地提出。该模型的意义是第一次明确地表达了人口的增长需受到约束。Odum（1953）第一次把承载力的概念和Logistic方程的理论最大值常数联系起来，将承载力概念定义为"种群数量增长的上限"，即Logistic方程中的常数K。以后的承载力理论研究，学者们用Logistic方程中的常数K表示承载力的数学意义。

r为内禀增长率，是一常数。N为种群数量或人口规模。

$$\frac{dN}{dt} = rN\left(\frac{K-N}{K}\right) \quad (3-1)$$

Daily和Ehrlich（1992）提出了社会承载力（K_S），以区别于生物物理承载力（K_B），认为生物物理承载力是指在特定技术能力情况下生物物理条件可以支持的最大人口数量，社会承载力则是指在各种社会系统条件下（特别是与资源消费有关的社会模式）可以支持的最大人口数量。在任何技术水平条件下，社会承载力都将小于生物物理承载力（图3-2）（Seidl，1999）。

Meyer和Ausubel（1999）构建了K值可以动态提升的双Logistic曲线方程（图3-3），描述科技进步对承载力的影响，并用所构建的方程分析了英国和日本这两个岛屿国家的人口增长。

Tsoularis（2002）等的研究给出了承载力模型更一般化的模式，数学表达式见公式（3-2），当正实数α、β、γ取不同的值时则代表了Verhulst-Pearl Logistic方程在内的多种受承载力约束的增长方式。

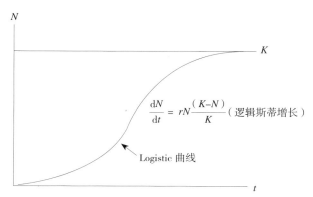

图3-1 Logistic增长曲线

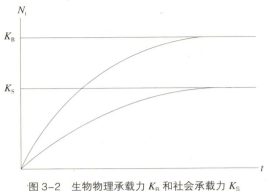

图 3-2 生物物理承载力 K_B 和社会承载力 K_S　　　图 3-3 可动态提升的双 Logistic 增长曲线

$$\frac{dN}{dt} = rN^\alpha \left[1 - \left(\frac{N}{K}\right)^\beta\right]^\gamma \quad (3-2)$$

最近的研究成果主要集中于 $r<0$ 时（即城市化后期城市人口出现负增长，这一现象已在部分发达国家出现）模型产生悖论的解释以及 r、k 同为函数时，模型特性的研究。J.Gabriel（2005）针对 Levins 悖论和 Ginzburg 悖论，给予了数学上的解决方法；而 Cang Hui（2006）通过区分承载力和人口平衡的概念差别，同时定义承载力为环境最大承载量，从生态学的角度解开了 Levins 悖论和 Ginzburg 悖论。J.H.Swart（2007）等则发现承载能力和增长率季节性变动时，即承载能力 $K(t)$ 和增长率 $r(t)$ 为周期函数时，Verhulst-Pearl Logistic 方程可能失效。

3.1.2　UCC 理论模型构建

基于上述分析的不足，构造城市综合承载力理论模型（图 3-4）。

对应于某一个特定的时期，科技等其他因素影响应该是相同的。即横向空间比较，其承载能力 K 是一个固定值。基本模型等同于由公式 3-1 所构造的一般模型。该条件下，可进行不同城市间、城市内部不同系统间承载能力空间分布的比较，同时可比较该时期城市系统的压力—承载状况。

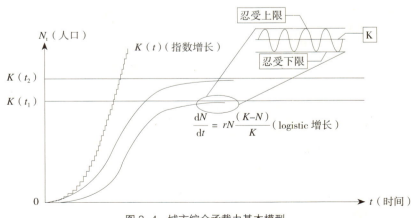

图 3-4　城市综合承载力基本模型

20世纪90年代中期,对自然生态系统平衡状态的研究中,引入了生态弹性力（Ecological Resilience）的概念。对应于城市这个人工生态系统,同样存在承载弹性的状态,即人群对困苦和动荡的忍受程度,本书把它定义为市民忍受力（Citizen Talorance）。承载能力围绕承载极限 K 在忍受限制区间作上下波动,一旦突破忍受限制,那么轻则导致局部的城市病,重则引起社会的动荡。

对应于长时间序列的比较,$N(t)$ 将为若干个 Logistic 曲线的周期上升,而承载极限 $K(t)$ 将是一个函数,Meyer 和 Ausubel（1999）构筑的双 Logistic 曲线方程也隐含了承载极限 $K(t)$ 的动态提升。首先其变化应该是阶梯状的。自然生态系统具有稳态台阶,其驱动力是生物进化。而城市系统是一个人工生态系统,因此也应具有稳态台阶,所不同的是其驱动力是科技进步,远较生物进化对承载能力的影响变化剧烈和明显,图3-4中 t_1、t_2 时期的承载极限 K 必然是不同的。其次,承载能力 $K(t)$ 从目前人类社会的发展态势分析,应该是服从函数增长的。可能的增长函数是对数增长,因为目前人口、城市规模基本呈现对数增长模式。未来的极限是什么?则取决于对人类发展的限定（式3-3）。如果像 Boulding（1966）, Hardin（1974）, Rees（1996）, John（2004）等,认为地球是一个封闭飞船,地球孤岛,或是一个与外界完全无法进行物质能量交换的封闭玻璃或者塑料容器,那么这个极限应该是个常数 C。如果定位于宇宙,那么可能存在无数适合人类居住的地方,则这个极限应该是无穷大。该条件下,可定义承载匹配度的概念（现状承载能力与现状科技条件下对应的最大理论（实际）承载能力之比）,进行不同城市间、城市内部不同系统间承载匹配度时序变化的比较。承载匹配度的研究对预测城市的发展,规划城市规模等工作具有重大意义。

3.1.3 UCC 现实模型刻画

在明确了城市承载能力的理论模型的基础上,对影响城市综合承载力的因素进行分类,以实现对现实城市系统的一个划分,并为评价指标选取等后续研究提供支持。

Oh（2005）总结了 Godschalk、Parker、Axler、Onishi 等人的分类,将城市承载能力与4个主要分类联系在一起:环境生态类、城市设施类、公共意识类、公共机构类。国内目前研究尚未明确提出城市承载能力影响因素的分类。

詹姆斯·特拉菲尔将城市的发展等同于一个森林生态系统的观点具有新意,并给人以启发。城市作为容器这一观点一直贯穿《城市发展史》的始终（刘易斯·芒福德,2005）。因此,本书将城市理解为一个容器（图3-5）,并进行影响承载能力因素的分类（谭文垦等,2008）。

张东序、赵富强（2008）认为,城市承载力是个复杂的混沌系统,其众多要素和子系统以不同方式存在,共同耦合构成城市综合承载力,从而支撑城市人口社会经济活动的协调发展。城市综

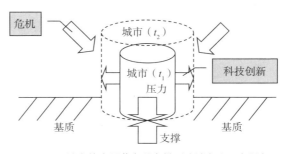

图3-5　城市综合承载力现实模型（城市为一容器）

合承载力可以定义为硬件承载能力、软件承载能力和软硬结合力的函数。其中，硬件承载能力为环境承载能力、土地承载能力、设施承载能力、水源承载能力和能源承载能力之和；软件承载能力为文化承载能力、制度承载能力、管理承载能力、科技承载能力、学习承载能力和开放承载能力之和；软硬结合力为产业承载能力。他模仿倪鹏飞等在研究城市综合竞争力所设计的弓弦箭模型，将城市承载能力的硬件承载能力要素比作弓，城市软件承载能力要素比作弦，城市产业承载能力比作箭，提出了城市承载力的弓弦箭结构模型（图3-6）。并以此为依据分析了城市综合承载力系统耦合机制（图3-7）。

张林波（2009）在进行城市生态系统研究中提出了承载力类比概念模型（图3-8）。该模型将自然环境比喻为能够承载一定压力的容器，而将依赖于自然环境生存的生物比作施加压力的承载对象（容器中的液体），当承载对象所施加的压力超过载体所能承受的限度时，会造成承载载体承受能力的下降，承载力概念就是指在不造成承载介质承载能力下降情况下所能承受的承载对象的最大压力指标。

张林波在解释文化因素对生态承载力影响时，考虑到承载力类比概念模型中容器的容量无法扩大又提出了橡皮球概念模型（图3-9）。其将地球生物圈比拟为橡皮球的外壁，人类承载力为橡皮球内气体。由纯追求物质增长的文化因素所造成的人类生态承载能力的提

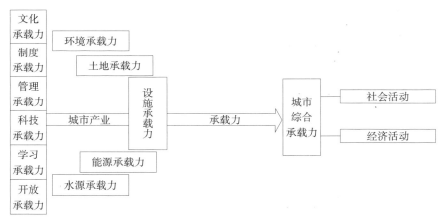

图 3-6 城市承载力弓弦箭模型

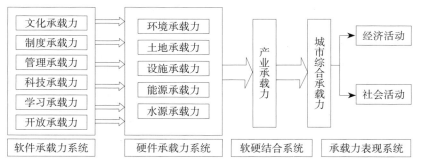

图 3-7 城市综合承载力耦合机制示意图

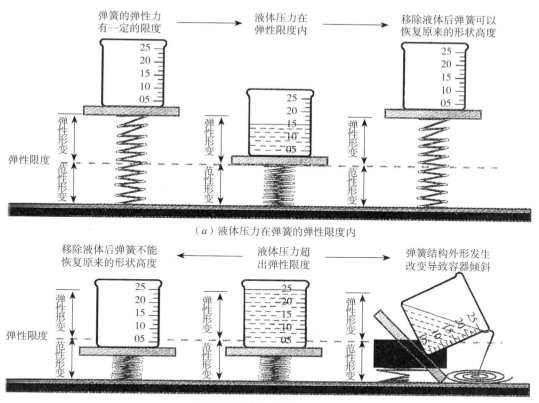

(a) 液体压力在弹簧的弹性限度内

(b) 液体压力超出弹簧的弹性限度

图 3-8 承载力类比概念模型

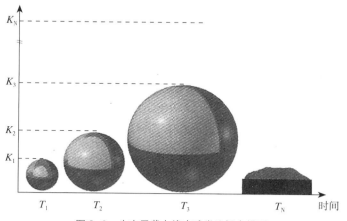

图 3-9 生态承载力橡皮球类比概念模型

升如同橡皮球内气体膨胀，而地球生物圈的支撑能力则为橡皮球外壁的厚度。他认为如果人类不改变单纯追求物质增长的发展方式，最终会导致橡皮球的破裂，如图 3-9 所示 T_N 时间。

弓弦箭结构模型在分析城市综合承载力时，对承载力内涵的解释较为牵强，虽然其提出一种城市复杂系统的耦合机制，但离清楚地解释城市内部系统复杂的承载力作用机理尚有不小距离。张林波的概念模型虽然仔细地刻画了承载力的内涵和作用过程，但略显啰嗦，同时主要针对城市生态承载力研究，没有针对城市内部系统的深入分析。因此本书还是坚持将城市理解为一个容器的城市综合承载现实模型，并将其中的影响因素进行分类，同时探讨城市综合承载力的作用机制。

在城市—容器系统中，人及社会经济活动即为容器所容纳的物质，它通过向容器索取空间，消耗资源能源，影响环境等行为给予容器以压力。而容器通过放置基底、内部结构提供静态的支撑能力，并通过抵抗灾害和自身的生长提供动态的支撑能力。

城市综合承载力可以划分为基底（质）的承载力、容器（城市）内部的承载力，以及容器（城市）本身容量的发展能力（见图3-5）。基底的承载力、容器（城市）内部的承载力共同构成了城市现状承载能力。而容器（城市）本身容量的发展能力则构成了城市承载能力的发展状况，为刻画城市承载能力时序动态演化的一组指标集。两者共同构成城市综合承载力的时空分布状态。

（1）基底（质）的承载力：该部分基本等同罗亚蒙认为的战略意义上的城市承载力，也就是城市赖以存在的外界物质基础。也可以理解为城市发展的外部资源、环境约束，包括资源总量，利用强度和结构。这部分的承载力目前研究成果较多，主要包括土地资源承载力、水资源承载力、国土资源承载力、环境承载力、生态系统承载力等等。

（2）容器（城市）内部的承载力：该部分的分类非常复杂，也是城市综合承载力研究非常重要的部分。包括物质环境承受能力、人的承受能力以及运行机制的承载能力。物质环境承受能力包括环境（水、气、声、固体废弃物等）、生态（绿地、物种多样性等）、基础设施（交通、给水排水、燃气、电信、医疗、教育、住房等等）；人的承受能力主要包括两部分：一部分是作为管理者的人的能力，另一部分是普通市民的承受能力。管理者的能力主要包括：政府的廉洁程度等执政能力。普通市民的承受力主要为生存环境可见的或者文化心理上变化所导致的自身行为或者心理的变化，也就是人的承受能力的问题。运行机制的承载能力主要包括产业结构、法律的健全度、提供就业、安全、商务成本等。

（3）容器本身的发展能力：包括两部分：一部分为容器本身的生长，即容量的扩大；另一部分为灾难或者危机对容器本身的影响，表现为容器生长受阻，衰退，甚至毁灭的过程。

容器容量的扩大：纵观人类近5000年的城市发展史，科技进步、技术创新一次次地推动了城市容量和规模的扩大，相应地导致城市承载能力的提高。这种趋势在工业时代与后工业时代得到了加强。因此研究城市综合承载力，必须考察其纵向的变化，即时序的变化。

魏后凯（2005）、王亮（2005）等提出了比较清晰完整的科技创新评价体系。因此该部分内容的评价已经形成比较完整的科学研究指标体系，城市承载能力研究仅需要在现有研究成果的基础上，选择对容器容量变化影响较大的指标，以简化进一步研究的复杂程度。

灾难或者危机对容器本身的影响：主要考察城市的抗灾防灾能力，以及战争与瘟疫的影响。2008年的汶川地震，2010年的日本地震及随后引发的海啸等灾害对单个城市都是毁灭性的破坏，但其在空间上的突然性和时间上的甚低频率重复出现性，无法纳入传统的承载力研究体系。可将突发事件作为一个情景进行专门研究，对于强调趋势的城市承载能力研究目前只能进行定性的分析。金磊等（2008）认为城市安全容量可进一步确切定义为城市承载力，指城市灾害在一段时期内不会对城市环境、社会、文化、经济等安全保障系统带来无法接受的不利影响的最高限度，可将之量化为城市对灾害的最大容忍度。

3.2 承载作用机制分析

3.2.1 城市空间界定

对于承载机制中提供支撑作用的城市系统，主要是其形态与结构产生包含人类行为的"足够容量"。它的产生、形成与发展都存在内在的空间秩序和特定的空间发展范式。狭义的城市形态研究仅着眼于城市直观的物质形态演化发展，且城市形态普遍被认为是城市空间结构的外在表现。因此，对于 UCC 中起支撑作用的城市系统的研究，本书偏重对空间结构的分析总结。

城市空间结构是在各种自然和社会经济因素长期综合作用下的结果。它是一个跨学科的研究对象，城市地理学、建筑学、城市规划学、城市社会学、城市经济学等学科从各自不同的角度对城市空间结构进行了深入研究。

1. 国内外研究对城市空间结构的理解

国外众多学者对城市空间结构的概念进行了探讨。

Foley（1964）认为城市空间结构的概念框架是多层面的：首先，城市空间包括三种要素，分别为物质环境、功能活动和文化价值；第二，城市结构具有空间和非空间两种属性；第三，城市空间结构应该从"形式"和"过程"两个方面去理解，形式即空间分布模式和格局，过程即空间的作用模式；第四，城市空间具有历史演化特征，即需要引入时间层面。

Webber（1964）基于 Foley 建立的概念框架，从形式与过程两个方面论述了城市结构的空间属性，认为城市空间结构的形式是指物质要素和活动要素的空间分布模式，过程则是指要素之间的相互作用，表现为城市中的各种"流"，如人流、交通流、物质流等。相应的城市空间被划分为静态活动空间（如建筑景观）和动态活动空间（如交通网络）（唐子来，1997）。

Bourne（1971）在上述研究的基础上，运用系统论的观点阐述了城市系统的三个核心概念：①城市形态（Ubran Form）是指城市内部各个要素（包括建筑、土地利用、社会群体、经济活动和公共机构等）的空间分布模式；②城市要素的相互作用（Ubran Interaction）是指城市要素之间的相互关系，通过相互作用将个体要素整合成为一个功能实体，即子系统；③城市空间结构（Ubran Spatial Structure）是指城市要素的空间分布和相互作用的内在机制，以一套组织规则连接城市形态和子系统行为及相互作用，各个子系统连接成一个城市系统。Bourne 对城市空间结构的论述不仅指出了城市空间结构的构成要素及其空间形态，同时强调了各要素之间的相互作用及城市空间结构的形成机制，具有较广泛的认同度。

Harvery（1973）在 Bourne 研究的基础上，提出了一个跨学科的城市空间研究框架，他指出应当突破传统的城市研究中地理学科只注重空间形态，社会学科仅强调社会过程的学科限制，提出了任何城市理论必须研究空间形态（Spatial Form）和作为其内在机制的社会过程（Social Process）之间的相互关系。

Knox（1982）在回顾城市空间结构研究方法时，根据研究的目的和对象，把城市空间结构的研究划分为三种类型，分别是物质环境（The Physical Enviornment）、感知环境（The Perceived Environment）和社会—经济环境（The Socio-Economic Environment）。

国内早期对城市空间结构概念的研究主要强调了城市空间的物质属性，对社会经济属性强调较少，如武进（1990）、胡俊（1995）等的研究。随着认识的深化，学者们对城市空间结构的理解逐步转变为同时强调城市空间的物质属性和社会经济属性。

柴彦威（2000）认为城市空间结构严格地讲就是指城市内部空间结构，它是各种人类活动与功能组织在城市地域上的空间投影，包括土地利用结构、经济空间结构、人口空间分布、就业空间结构、交通流动结构、社会空间结构、生活活动空间结构等。

顾朝林等（2000）认为城市结构实质上是城市形态＋城市相互作用网络在理性组织原理下的表达方式，城市空间结构主要用空间角度探索上述表达方式。该观点类似 Bourne（1971）对城市结构的看法。

江曼琦（2001）认为，城市空间结构是城市各种结构图谱中的基础结构，它是城市经济结构、社会结构、自然条件在空间上的投影，是城市经济、社会存在和发展的空间形式，表现了城市各种物质要素在空间范围内的分布特征和组合关系。

郭鸿懋等（2002）认为，城市空间结构可以界定为城市内部空间结构和城市外部空间结构两个部分。城市内部空间结构是一个城市建成区之内（通常指市区）土地的功能分区结构；或者说城市内部空间结构是城市内部功能分化和各种活动所组成的土地利用的内在差异而形成的一种地域结构。

黄亚平（2002）认为，城市空间结构是指城市各要素在一定空间范围内的分布和联结状态；或是城市各种物质的与非物质的要素，在城市成长过程中，在城市地域空间中所处的位置和在运营过程中的形态。

冯健（2003）认为城市内部空间结构是指作为城市主体的人以及人所从事的经济、社会活动在空间上呈现出的格局和差异。

郭力君（2008）认为，城市空间结构是某一特定时间自然、经济、社会条件下城市各种物质的与非物质的要素相互作用，并在空间表现的形态和过程。随时间的推移及自然、经济和社会条件的变化，城市空间结构会相应发生动态演进。

2. 本书对城市内外部空间的界定

随信息化、全球化以及新劳动分工等发展影响因素的产生，城市系统本身也随之发生变化。其作用于城市内部结构，导致结构重构。主要表现：

（1）从空间布局形式看，城市内部空间结构将从分区转向融合（产业和功能）。

（2）从空间表现形式看，城市内部空间结构将从圈层式向网络化演进（商业服务业的网络化，城市工业的清洁化和轻量化，交通的网络化等）。

（3）从构成城市的基本单元看，多功能社区、高科技园区和大学城等新的区域不断涌现。

对应于城市空间的研究，也从单一的注重物质空间的研究，关注空间要素的分布形态，转变到注重要素之间的相互作用及其形成机制，同时加深了社会经济因素对城市空间结构

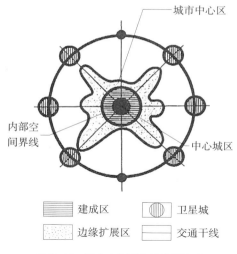

图 3-10　城市空间混合型扩展模式
来源：黄亚平. 城市空间理论与空间分析 [M].
　　　南京：东南大学出版社，2002

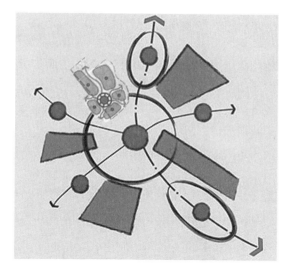

图 3-11　内部空间承载层次抽象模型

的影响研究。

上述研究结论亦可发现，城市空间很难严格意义上地区分内部空间和外部空间。倾向性的观点认为城市空间就是城市内部空间，自然发展本底、城镇体系结构等区域空间则为城市的外部空间。

本书为了后续研究的需要，将城市空间认同为城市内部空间（图 3-10）。内部空间结构认同为城市要素（包括土地利用、人口分布、经济活动等城市的物质、社会经济因素）的空间分布和相互作用的内在机制，并以若干规则联结城市形态和子系统行为，使各个子系统联结成一个城市系统。其边界为一个城市建成区之内（通常指市区，包含依托旧有建成区新建的新城）土地。对于存在飞地型扩展模式的城市空间，边界包括开发区、独立工矿、大学园区等独立型用地形式。

因此，内部空间的概念可界定为城市边界内存在的空间结构，以及随时间由若干驱动力导致的变化发展状况。外部空间的概念可界定为城市的自然发展本底，以及所处的城镇体系结构等区域空间。

3.2.2　城市系统总体承载机制

在城市系统中，人及社会经济活动是系统的核心，在系统发展过程中，人及社会经济活动需要向城市环境索取必要的生存空间，载体以及物质供应。因此，人及社会经济活动表现为主动性，城市系统（物质、经济和社会空间）表现为被动性，两者界面之间则表现为压力与支撑的关系，这种关系可称之为"承载机制"。承载递阶原理是指承载的层次性和有向性（高吉喜，2001）。因城市承载力是从系统整体方面考虑问题，在人与非生物环境之间需经过中间环节，这些中间环节即是承载媒体也是承载对象。所以，从最基本的无机生态环境到最终承载对象人，其承载是逐级向上、分层和递阶的。

1. 城市系统承载递阶分析

就城市系统而言（图3-12），其承载媒体是由水资源、土地资源、城市基础设施及其他能源资源环境所组成的要素集（包括总量、强度和结构），共同构成了维持城市生存和发展的基础。直接承载对象是生活在城市中的人口及满足其生存发展的活动（主要为社会经济活动）。间接承载对象给予了城市基础设施以及能源资源环境以压力，同时直接承载了城市人口和活动。

张林波（2009）在研究城市生态承载力时提出了文化影响因素，类同间接承载对象的概念。其认为科技进步、贸易流通、生活方式制度管理等是主要的文化影响因素。本书认为间接承载对象主要为产业结构、城市空间形态、创新机制、社会运行制度及其管理者的能力等。同时还必须包括市民的承受能力。

2. 基础承载单元及承载分层

直接承载对象、间接承载对象以及承载媒体的划分，主要从城市系统总体的角度分析承载的传递方式。由于城市是一个复杂的巨系统，城市系统总体角度分析从理论上考虑相对清晰，但依此分析进行评估等操作存在很大困难，同时使承载力研究变得非常复杂和庞大。因此，需要进一步细分具有承载功能的中间环节，寻找承载的基础单元，以及层间的传递方式，以使城市承载力的理论更加契合实际，并在指导实践时具有较强的可操作性。

1929年，美国人佩里（Clarence A.Perry）从交通的安全考虑，提出了邻里单位的设想，他以城市交通干道围绕的部分居住建筑和日常需要的各项公共服务设施和绿地组成城市内部最基本的单元，使儿童入学、日常购物活动能在单位内部进行，以此为基础设想

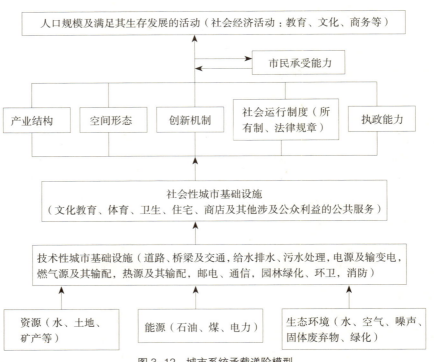

图3-12 城市系统承载递阶模型

单位内人口规模和用地规模。此后由于"以邻里为单位"规划思潮被现代大城市广泛接受。20世纪80~90年代出现的新城市主义（New Urbanism）运动所提倡的TND（Traditional Neighbourhood Development）/ TOD（Transit-Oriented Development）模式，亦认为邻里单位是构成居住区乃至整个城市最基础的细胞。实际的城市规划建设中均按以邻里单位为基础，若干个邻里单位形成一个城市的片区（组团），若干个城市片区（组团）及其配套的工业和仓储区形成一个城市空间，并按层级形成城市中心、副中心、邻里中心等级结构的模式进行（见图3-11）。新近出现的扩大小区、居住综合体、居住综合区、城市综合体等形式只是扩展了小区的模式，其根本上还是遵循以邻里为基础，按层次等级结构组织城市空间的方式。

一般而言，一个完整的邻里空间组织包括边界、中心和连续性这三个要素。由于邻里单位在获得外部物质输入的情况下，能满足内部居民在居住、休憩、医疗卫生教育等方面的基本需求。若干邻里组成的城市片区（组团）则满足了内部居民片区级别的需求。而片区（组团）组成的城市则满足了整个城市影响区居民对城市生活的需求。

因此，本书认为城市内部承载存在分层的现象（见图3-11），需要通过不同尺度的设置来细化和完善对城市内部的承载能力的研究。邻里单位具有相对独立的承载能力，是城市系统承载能力中间传递环节的底层独立承载单元。

3. 主要用地构成

区域层面的研究将城市看成一个整体，并不区分其中的用地性质的差异，一般采用土地总量及人均拥有量进行分析。城市空间层面的研究需要考虑由用地结构差异所导致的承载差异。

城市建设用地主要由居住、工业、仓储、对外交通、道路广场、公共设施、市政设施、绿化及特殊用地等九类组成。城市中人的活动主要依托该部分建设用地而产生。因此分析内部空间承载能力主要分析以该部分建设用地及其上附着物为基础的城市中人及活动对城市的承压关系和调节措施即可。

由于级差地租等城市经济规律作用，同时考虑到规模工业及仓储物流带来的污染及交通混杂等因素，低附加值的工业用地和仓储用地很难存在于中心城区。中心城区用地的"退二进三"是目前国内各城市的普遍选择。一般情况下，除保留少量的与市中心职能相关的诸如印刷业、传统手工业、食品加工业等企业外，中心城区工业用地将基本上被置换为居住和商业办公等三产用地。如上海市规划确定内环线范围内（约106km^2）工业企业（13km^2）调整的策略：中心商务区（约5km^2）内的企业将全部迁出，中心商业区（约30km^2）内的工业企业大部分外迁，只保留极少数没有"三废"污染和属于资金、技术密集型的都市型工业企业。目前的突出变化趋势为工业从中心城区向城市外围郊区转移。中心城区工业职能日益衰退，工业用地比例下降；城市外围各种新型工业区、高新技术产业区发展成熟，成为城市发展重心外移的先导和基础。

因此分析城市次一级空间的承载作用可主要集中分析人的活动与居住及其配套的交通、公共设施、市政、绿化等用地的承载机制。工业用地和仓储用地所涉及的就业、交通均衡、环境污染等问题可在城市层面研究。

3.2.3 不同研究领域尺度的统一

不同学科对城市空间的组织规模，也即本书所理解的层次等级体系中的承载单元具有不同的理解。社会学科通常提倡社区、街区作为城市空间的划分。规划学科则使用了分区（组团）、居住区、小区、组团等层级作为城市空间的一个划分。而城市管理学科则按城区行政体系结构划分街道、社区（居委会）两个层面，随计算机及 GIS 技术的发展，又提出了网格单元层面。为避免后续研究对层次等级体系中的承载单元理解的混乱，有必要分析上述学科对城市内部空间划分尺度的概念和内涵，并在准确理解的基础上给出本书一个统一的尺度划分。

1. 社会学科的尺度

（1）对于社区（Community）的理解

社区是社会的细胞，是人类生活的基本单元，通常认为是由居住在某一个地方的人们结成了多种社会关系，从事多种社会活动所构成的社会区域生活共同体。其除了基本的居住功能外，还具有经济、政治、社会、服务、文化娱乐、教育卫生等功能（谢守红，2008）。

（2）对于街区（Street Zone）的理解

在最理想的状态下，一个街区应该是部分自给自足的迷你型的社区，包括街区居民日常生活所需要的大部分公共和私人服务，具有很好的交通联系，以致他们可以在社区的其他部分获得其他服务（叶齐茂，2009）。

需要明确的是，社区一切以居民为中心，以尽可能地满足社区居民的各种需求为宗旨，这个与城市满足中心城区和郊区的居民需求有较大差别。社会学中社区的概念并没有明确的规模和边界，街区应该是一条，或者几条街道所涵盖的区域。

2. 规划学科的尺度

苏联城市规划理论中，按照基础教育设施和基础服务设施的合理规模加上一系列国家规定的指标的概念，并结合了城市交通干道设置间距的要求，提出了以城市干道环绕的城市居住用地范围称为"小区"。小区规模一般大于邻里单位。同时还提出了小区—居住区—规划市区的城市规划结构层次。我国自新中国成立以来进行的城市规划建设基本遵循该套城市结构层次。

当城市发展到足够大，规划市区包括了太多的居住区时，为清晰和简化对城市结构的描述，减轻城市规划工作的复杂性，又提出了分区（组团）的概念，在分区规划、控制性规划层面提出了片区—街坊（区）—地块的城市结构层次。例如深圳市总体规划（2010—2020）将市域空间划分为 5 个分区，即中心城区、西部滨海分区、中部分区、东部分区和东部滨海分区。每个分区由 1~3 个组团构成，而每个组团又由 2~5 个街道构成，同时提出规模超过 10 万人的居住组团应设置组团中心；武汉市总体规划（2010—2020）将市域空间划分为主城区和东部、东南、南部、西南、西部和北部等六大新城组群。主城区又分为中央活动区、东湖风景区和 15 个城市综合组团。中央活动区又进一步分为永清、江汉关等 19 个区片。综合组团平均每个组团人口约为 20 万左右。

分区（组团）为非严格的城市规划概念，其较多地出现在规划文本对城市规划结构的描述中。目前国标并未为对其划分依据、规模大小等内容作出严格的限定。深圳市总规将城市空间层次结构分为城市空间—分区—组团—街道（居住区）四级结构，而武汉市总规则分为城市空间—主城区与新城组群—片区—区片（组团）—街道（居住区）五级结构。深圳市组团规模为10万人，而武汉市则平均规模为20万人。可见对片区（组团）的划分以因地制宜性为主。

而国标《城市居住区规划设计规范》则对组团以下规模的城市规划结构作了严格的限定，包括总户数、人口、用地规模比例等，具体见表3-1。需要说明的是，《城市居住区规划设计规范》中出现的"组团"的概念和城市规划文本中为表述规划结构出现的"组团"概念是两个完全不同的概念。按一般的理解，前者基本等同邻里单位，人数在1000~3000，是由若干建筑及附属道路围合而成的具有明确中心、边界和连续性的城市空间。而后者通常由若干居住区（街道）组成，人口规模往往大于5万，平均规模在15万左右，通常也具有中心。

居住区分级控制规模　　　　　　　　　　　　　　　　　　　　　　表3-1

	居住区	小区	组团
户数（户）	10000~16000	3000~5000	300~1000
人数（人）	30000~50000	10000~15000	1000~3000

来源：《城市居住区规划设计规范》（GB 50180—93）2002版

3. 城市管理的尺度

（1）街道层面（Sub-district Office）

设市辖区的城市（即县级市）、较大城市市辖区的行政分区。常住人口一般2.5万人以上，其中非农业人口占人总75%以上。管辖范围一般在2.5km^2以上。由于不同城市，人口密度变化很大，例如上海1998年数据显示（表3-2），人口密度1.5~5.8万人/km^2不等。因此可根据实际需要，酌情增减。下辖若干居委会（社区）。

上海中心城区十个行政区的街道和居委会　　　　　　　　　　　表3-2

区名	街道数（个）	平均街道人口（万人）	平均街道面积（km^2）	平均街道人口密度（万人/km^2）	居委会（个）	平均居委会人数（人）
黄浦区	4	6.27	1.14	5.50	64	3808
南市区	5	9.23	1.57	5.88	136	3395
卢湾区	4	7.53	2.01	3.75	120	3228
徐汇区	10	8.58	5.48	1.57	335	2562
长宁区	9	6.63	4.25	1.56	171	3489
静安区	5	7.93	1.52	5.22	131	3028
普陀区	12	6.92	4.57	1.51	275	3022
闸北区	8	8.63	3.66	2.36	201	3436
虹口区	9	9.09	2.61	3.48	268	3054
杨浦区	10	9.66	6.07	1.59	356	2713

来源：赵万良等，上海社区建设指标体系研究和上海房地产市场[R]. 1998；南市区已于2000年6月并入黄浦区

（2）社区（居委会）层面

2000年年底，中共中央、国务院转发民政部的23号文件，提出了"社区居民委员会"的规模幅度，即"目前城市社区的范围，一般是指经过社区体制改革后作了规模调整的居民委员会辖区"，大致有1000~1500户居民（谢守红，2008）（表3-3）。

社区的空间组织规模 表3-3

规划学科尺度	社会学科尺度	城市管理尺度		人口规模
中心城区		区人民政府		
分区（组团）				5~20万人
居住区	大型社区	街道办事处		3~5万人
小区	基本社区	若干个社区（居委会）		3000~5000户/1~1.5万人
组团	街区	社区（居委会）	工作网格	300~1000户/1000~3000人

（3）网格层面

城市网格化管理是根据空间信息多级网格的思想，按一定的规则将城市空间划分为一定大小的网格单元，形成不同层次的多级网格；以单元网格为基本单位，将网格内各种城市市政基础设施称为网格化部件；将城市建设和管理中所关心的事情称为网格化事件；将政府为市民提供的各类服务定位为网格化服务，由城市管理监督员对所分管的网格单元各种资源之间的相互调节利用；实施全时段监控，由指挥中心对政府其他部门进行调度，完成网格化部件、网格化事件和网格化服务的处理，实现对全市分层、分级、全区域的无缝精细化管理，提供人性化服务，使城市中人与自然、资源、环境协调发展。

简而言之，网格化管理是为了应对城市管理中出现的问题，依托相对成熟的信息技术，所形成的一种新的城市管理技术和思路。通常按100m×100m网格划分城市空间进行管理，即万米单元网格管理法。

2003年，北京东城区作为我国首个开始城市网格化管理模式的单位。25.38km^2的辖区内，有10个街道，137个社区，划分2538个万米单元（实际划分1593个），每个城市管理监督员平均管理12个网格（陈平，2007）。2005年，长宁区作为上海市首批城市网格化管理模式的试点单位之一，长宁区37.19km^2，被分为1459个万米网格，111个工作网格。

4. 分析结果总结

就系统的下一层子系统而言，从研究资料收集的便利性和完整性考虑，利用现有的城区行政体系结构划分进行下一步的研究较为可行，且理论意义明确。即按尺度从大到小，分为街道、社区两个层面。从便利电子化管理和空间分析的角度，亦可直接分为网格单元一个层面。当然网格单元必须有明确的单元承载边界，否则将沦为纯粹的城市管理模型，在承载力研究上是没有意义的。

3.2.4 区域层面城市承载机制

从城市总体的承载机制分析，存在一个最上层的承载机制。其分析更多考虑将单个城市作为独立的整体，城市自身成为一个独立的承载单元，并不对城市内部空间的差异进行深入的分析。本书把它定义为区域层面的城市承载机制。由于其主要分析城市发展的区域宏观背景，空间尺度基本控制在全国、区域城市群，或者省域的比较，因此是一个相对宏观的研究尺度。

承载机制相对简单，主要为人及其需求对城市的资源环境基底及技术型城市基础设施的压力，同时考虑科技的作用，基本等同前文 3.1.3 节所刻画的现实模型中的基底的承载力和容器本身的发展能力。城市的资源环境基底主要包括水、土地、环境等要素。城市技术性基础设施主要包括道路交通、园林绿化、电力等等设施。其承载机制可描述为城市人口对于水、土地等资源环境以及道路交通、能源供应等城市基础设施的需求，与上述资源环境及基础设施所能供应的量与质之间的承压关系。同时由于考量的是一个相对长的时间序列承载状态的变化，因此科技发展所导致的需求变化、总量扩大及利用效率提高等因素也将被考虑。

该承载机制的研究主要存在以下难点：第一，城市跨区域的资源占用能力往往使现有的承载力分析研究实际操作意义受到损害，例如：建设用地指标异地购买，跨区域调水，粮食调入，能源的输入等。只要城市具有足够的资金和迫切的需求，跨区域的资源占用将成为城市发展的常态；第二，科技力量的作用大小很难进行量化。探求在当时科技水平下的匹配的承载能力，理论上可行，而实际操作非常困难。科技水平在不停地向前变化，不同领域的科技水平存在差异，科技水平转化为生产力又需要个过程，某些跨时代的科学进步辐射到相关学术领域及地理边界也需要时间，因此确定某一时点单个城市一个确定的科技水平非常困难，确定与此匹配的承载能力更是难上加难。

3.2.5 内部空间承载与约束机制

前文 3.2.2 小节已提出城市系统的承载机制，即人及社会经济活动表现为主动性，城市系统（物质、经济和社会空间）表现为被动性，两者界面之间则表现为压力与支撑的关系；随科技进步，K 值（承载极限）不断提高。就内部空间而言，由于城市人口的特殊性，以及不同尺度承载单元间的分层传递的等级承载现象，同时受产业结构运行机制等经济社会因素的间接影响，因此，上述对承载机制的结论需要进一步细化，以体现内部空间承载能力的独特性。

1. 施压的城市内部居民的需求与活动存在分异

按照通行的统计方法，城市内部居民分为户籍人口和常住人口。户籍人口包含下岗职工、贫困户，常住人口中农民工占有很大比例。该部分人口由于自身的能力、境遇以及制度的限制，无力满足社会人的基本需求，成为通常意义上的弱势群体。其需要社会保障体系（住房、养老、医疗、低保等）实现基本需求。社保体系覆盖的深度和广度直接体现城市对弱势群体的承载能力。

同时市民的承受能力，即社会人的基本需求围绕 K 值（承载极限）上下波动，幅度因城市文化、民族、个体差异等存在一定的变化空间，如对最低工资、最小居住面积，出行时间等的承受能力。

2. 承载单元分层承载结构

前文 3.2.3 小节的分析得出城市有机整体的层次分级承载结构分为：城市→街道（居

住区）→社区（居住小区/组团/工作网格）三个等级层次，并按相反的方向有向地传递。社区是现实意义上的底层承载单元，承载了社区内部上千户居民的日常需求，如居住、停车、初级教育等。街道承载力则由若干社区承载力、附属道路通行能力，以及居住区服务中心承载能力组成，较多地满足内部居民对居住区级公共服务设施、市政基础设施、道路交通、就业等的需求。城市承载分为城镇承载、小城市承载及大中城市承载，满足内部居民对城市级别设施服务的需求。一个规模较小的有机整体，有时是一个小城市或城镇，它是由少数的居住区组成，配有少量不定期使用或超过城市需要的设施。大城市则往往由多个居住区组成，并且具有设施比较齐全的市中心和副中心。

3. 承载匹配及要素承载的不均衡性

承载匹配分为过载、满载、承载适合及承载不足，理想的状态是适合的承载，是个动态变化的过程。过载意味着压力过大或者支撑力不足，在城市表现为拥挤、环境恶化等情况，如过大的交通流量对有限的城市路网通行能力的压力，住房需求的压力，废气排放对大气环境的压力等等。承载不足意味着压力过小或者支撑能力的浪费。就空间而言，人口导入偏少的新区及因人口迁移而衰弱的旧城区均存在承载不足的问题；就内部居民而言，弱势群体显然没有能力实现基本需求，其对城市系统的压力远较一般居民小。

影响综合承载能力的因子称为要素承载力，如市政设施承载、公共设施承载、环境承载、综合交通承载等。在确定的时空，存在某些要素承载合适，而某些要素是过载或者承载不足的情况，这就是要素承载的不均衡性。

4. 内部空间承载能力受科技进步影响非常显著

科技进步扩大了城市向环境索取资源、能源的深度和广度，同时也改变了城市对资源的利用效率和方式，使供应的总量变大，效率变高。直接导致了城市系统（不管是封闭还是开放的）承载人口规模的扩大，也即承载极限 K 值的提高。对城市内部空间的影响主要体现在空间范围的扩大和单位空间承载人口的上升。例如交通工具及信息技术进步导致了城市空间规模的急剧扩大（图 3-13）。地下空间的开发利用和高层超高层建筑技术的发展导致单位土地面积承载人口的上升等。

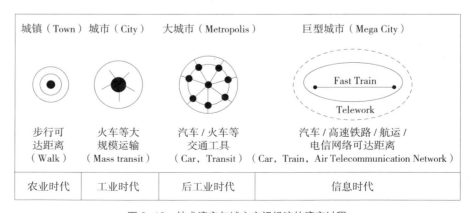

图 3-13 技术演变与城市空间经济的演变过程

来源：Peter Newton and Peter Manins: Cites and Air Pollution [R] 1999

5. 内部空间承载力的约束机制

主要表现为城市容量（服务人口）的有限性及超越该容量所导致负面效应的累积性。城市容量大小由自然环境、基础设施、用地条件、管理者能力等部分综合决定，在特定时期是一个上限控制的指标。超越该指标将导致环境污染，交通拥堵，用地紧张，住房紧张，生活便利性下降，社会保障覆盖面减少，犯罪率上升，就业不均衡等负面效应的出现。累积到一定程度，必将导致均衡状态的打破，或是人口的迁出，或是容量的扩大，从而达到下一种约束条件下的均衡状态，即人口控制在城市容量范围内，负面效应出现极大地减少。

3.2.6 内部空间的承载递阶

1. 社区承载（图3-14）

作为基本的承载单元，位于层次的最底层，规模介于小区和邻里单位之间。其直接建立在中心城区的生态环境本底与城市基础设施之上，并通过内部的住房、服务设施及社区环境承载内部居民日常需求，如居住、初级教育、休闲等需求。交通压力的承载主要是对社区居民停车的容纳能力。建筑节能也是该层次承载能力的重要组成部分。

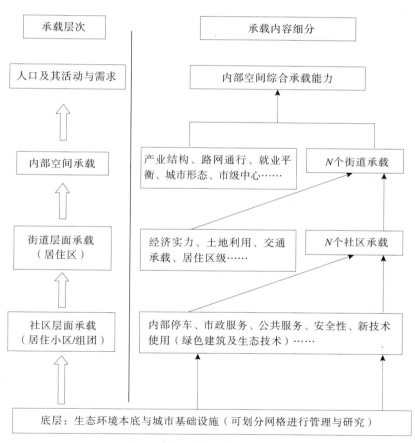

图3-14　城市内部空间承载递阶模型

2. 街道（居住区）承载（图3-14）

是城市内部空间承载的重要组成部分，由具有供周期性使用的服务性设施的公共中心和若干个基本承载单元组成。除具有社区承载能力外，其还承载居住区级教育、商业、医院、文化体育等公共服务的需求，以及对供水、排水、供气等市政服务的需求，同时通过发展多元性的街道经济，提供对就业等社会经济活动的初步承载。内部的交通网络也承担了城市支路级别的交通流量。

3. 城市内部空间承载（图3-14）

整体由单个或若干个中心、交通系统、生态环境系统（主要为绿地、水系）及若干个街道组成。用地需要考虑生产性用地，如工业及仓储用地。整体承载能力分别由中心承载能力、交通系统承载能力、生态环境系统承载能力及若干个街道承载能力组成。中心具有供不定期使用的服务设施，有时设有超城市的公共设施，除承载城市级的公共设施需求外，还承载行政、商业、办公、文化休闲等需求。道路交通系统承担了城市干道级别的交通流量。生态环境系统满足居民对良好环境的需求。上述部分又共同承担了产业结构（经济活动）、社会运行制度及创新机制（社会活动）对城市有机整体的压力，并通过就业均衡、医疗保障、养老保障、住房保障、贫困救助、抗灾防灾等措施提高城市的承载能力。随科技的进步，整体承载能力还需考虑地下空间开发对其带来的影响。

3.2.7 城市承载能力调控方式

对城市承载能力最直接的调整方式是人口的调节及容量的调节。调控的结果将达到下一种约束条件下的均衡状态，即人口控制在城市容量范围内，负面效应出现极大地减少。

城市化在中国目前表现为城市人口的激增。人口的调节直接表现为限制人口的进入（如户籍制度、无业流浪人员的遣返制度等），中心城区人口疏解，新城和承载不足地区的人口导入等措施。容量的调节受科技进步的影响最重，同时环境、城市管理、经济规律等因素影响也较重。其他如交通、治安、食品安全、抗灾防灾等也影响着城市容量的大小。就业均衡、社会保障（医疗、养老保障、住房、贫困救助）作为具体的城市管理措施也对提高城市的容量起着重要的作用。

1. 科技进步引起的承载极限（城市容量）的扩大

科技进步对城市容量的影响是全方位，且是最重要的。不管是突破资源制约，促进城市产业升级还是提升城市功能，都离不开科技支持。城市的容量最终取决于城市产业的发展状况，也只有城市产业的发展，才能带动就业，提高收入，增强城市活力。而产业的发展直接推力是企业的科技创新。能源开发、建筑节能、环境治理和环保产业等方面的科技创新，促进新资源能源的利用，实现节能节材，提高了总量和利用率。交通、公共安全、城乡规划等领域技术水平的提升，如利用现代通信技术建立信息化城市管理系统，加强数字城市建设等，直接促进城市系统功能运行和综合管理能力的提高，间接扩大了城市容量。制度建设（如土地制度、户籍制度、资源管理制度、干部考核制度等）也影响着城市容量。

2. 环境制约调节

城市人口激增和城市环境容量的有限性导致城市废水、废气、噪声、固体废弃物等环境问题的产生。通常采用建立污水、固废处理厂，提倡中水、可回收垃圾的回用；消减大气污染源，进行有害气体监测预报（如污染企业搬迁到郊区，提倡使用清洁能源，制定汽车尾气排放标准等）；消减噪声源，建立隔离带（如禁止鸣号、禁止夜间施工）等措施。城市绿化在吸收有害气体，隔离噪声，净化空气，涵养水源，美化环境等方面可发挥重要作用。光污染作为一个近年来新近出现的城市环境问题也越来越受到重视。

3. 城市管理，尤其是城市规划的调控

在城市发展中亟须加强政府的社会管理和公共服务职能。政府在义务教育、公共卫生、社会保障、规则建设、防灾减灾等公共服务方面应承担更大的供给责任，以此促进社会公平和谐。政府实现公平、稳定的社会目标要更多依靠政府的税收、转移支付等财政职能和社会保障手段，避免用行政权力直接管制市场，忽视经济规律的短视行为。深化政府部门改革，提高效率，加强服务意识，公开办事程序，建设为公众服务的廉洁节约政府。

城市规划是调节城市承载能力，引导城市健康发展的重要手段。规划要首先考虑城市资源状况，强调节约和合理利用城市资源；规划要保护城市生态环境；规划要保护公共利益，促进社会公平。应从城市规划上就开始注重城市的社会和谐和不同利益集团的公平。城市住宅区、绿地、道路、学校等其他设施的布局和建设要兼顾不同群体的需要，增加透明度，让公众参与，考虑居民的出行和生活便利。

4. 经济规律的调控

指利用城市社会经济运行机理进行的调控。主要包括利用城市发展、增长的方式，城市的空间格局以及相关的城市土地、住宅、财政、公共服务设施供需，交通，环境等方面所涉及的经济规律从宏观上调控；同时，也利用就业、企业的区位选择，土地一般均衡所涉及的经济规律从微观上进行调控。

3.3 评估方法选取

3.3.1 UCC 评价特点

由承载力研究衍生出来的专门领域的评价非常多，如对土地资源承载能力，对水资源承载能力，对旅游承载力以及对生态系统承载能力的评价等等，一般的特点是设立指标体系，利用归一化的指标进行比较研究。UCC 评价区别于现存其他领域评价，有以下特点：

1. 必须放在多个尺度加以考虑

由于研究对象是城市，城市是个复杂的巨系统。其存在发展的基础有区域和城市内部空间等不同的层面。区域层面研究需立足城市等级—规模体系，城市群发展，城市外围资源环境约束以及外围经济社会影响等因素；而城市内部空间研究需考虑人口分布、城市空间结构、内部经济社会等因素。由于尺度不同所带来的数据资料收集难度、研究方法及分析结论均不相同。

2. 社会经济因素对城市承载力的影响较大

承载力的研究趋势是在重视对物质因素分析研究的基础上，更多考虑社会经济因素。有别于一般的承载力研究（如资源环境的研究等）将社会经济因素作为一个辅助性的影响因素分析，城市承载力直接包含了对人的社会经济活动的分析，需要对城市中的社会经济因素进行定性定量的分析，并对具体的影响进行测度。

3. 阈值必须确定以便进行时序的比较

由于城市承载力研究的结果能直接指导实践，如城市的发展，规划的制定，预警机制的建立等。利用相对数据进行横向的比较仅给出排序或空间分布的结果，很难强有力地指导城市的发展。需要确立绝对阈值，给出城市承载能力适宜程度的确切数值，以研究UCC的空间分布以及时序变动，从而对城市规划管理形成有效的指导和约束。

3.3.2 综合评估尺度选取

目前关于资源环境承载力的研究主要集中在评价方法以及对某一特定区域的土地、水等单要素承载力评价研究方面，在研究的综合性、系统性以及信息化方面有很大的探索空间。本书从"注重实践应用，创新技术手段"的研究角度，通过对国内外区域资源环境承载力评价理论、指标体系以及评价模型方法的广泛、深入比较研究，提出了从区域及内部空间两个层次进行承载研究的基本方法。

分析考虑到数据获取的难易程度和研究的实际意义，区域层面的分析更多考虑单个城市作为独立的整体，空间尺度基本控制在全国、区域城市群，或者省域的比较。而城市内部空间层面的分析，本书采用街区层面，实际街区和社区层面对城市内部空间承载力的时空演变研究同等重要。

3.3.3 区域层面评价方法选取

立足于区域层面的UCC研究目前有如下优势：

（1）有非常详细的统计数据可以获取，并且记录了完整的年际变动。

（2）研究对象较少，全国城市总共有661个（截至2004年12月），如果以一定规模的城市为研究对象，则研究对象更少些。如果着眼城镇承载力的研究，则仅需加入建制镇的数目即可。

（3）区域层面的UCC内涵和影响因素较容易界定。

（4）研究成果也相对较多，2005年以后国内出现的研究基本都以区域层面为研究对象。

根据前文2.2.3小节的总结分析，目前针对承载力的研究有指标体系法、系统模型法和空间分析法。考虑到区域层面UCC研究的特点，在内涵和影响因素相对清楚的情况下，小样本数据对指标体系法、系统模型法同样适用。但是考虑到系统模型法建立模型时的复杂性，对内部机制把握的模糊性，同时便于与目前研究成果进行对比验证，本研究选用相对简单明了的指标体系法进行研究。

利用ESDA的空间分析方法对城市综合承载力空间上的变化进行研究，代表了承载力研究的新方向，因此本研究亦采用，但其依赖对城市综合承载力的计算结果。

本研究在区域层面采用指标体系法进行研究。指标体系的建立更多参考目前的研究成果，指标的选择偏重城市人口对资源环境本底以及城市基础设施的压力。权重的确定采用全局主成分分析的方法。通过定义多目标线性加权的承载函数，实现城市综合承载力的计算。通过分析时序的数列实现承载力的趋势分析，借助 ESDA 分析技术评估城市综合承载力在空间上的变化。

需要说明的是，本研究结果可以提醒我们注意消极趋势，并敦促我们采取行动来控制承载恶化风险，但是不能用于不同指标体系（同一研究目的）所得研究结果的相互比较。

3.3.4 城市内部空间评价方法选取

立足于城市内部空间的 UCC 研究目前有如下特点：

（1）立足于城市内部空间的 UCC 研究数据不全。如城市的空气污染检测数据、道路通行数据、文教卫设施供应数据等，有些是没有开展检测，有些则是布点不全，而且长时间序列数据存在缺失。

（2）空间分割困难。以什么样的基本空间分割单位进行城市内部空间的承载力研究是一个难题。尺度太小，则基础数据获取困难，尺度太大又略显粗糙。而且空间分割单元大小是否本身是个具有独立的承载功能也是一个值得深入分析的课题。目前对城市空间的研究以街道、社区两个层面为多，如张文奇在研究宜居城市即采用了街道、社区两个层面。

（3）研究对象非常多。一个城市有大量的街道，如果考虑到社区层面，则更多。如果考虑到研究成果能服务于控制性详细规划层面，则一个城市的控规单元少则上百，多则上千。数据量可见一斑。

（4）采用技术实现难度较大。对大量空间数据进行获取、显示、分析以及数据挖掘等操作本身即是目前研究的热点和难点。RS 技术提供了较好的时序空间数据的获取途径。GIS 技术解决了空间数据的管理、显示和初步的空间分析。ESDA 技术则使空间分析技术有了更大的进度。

（5）研究成果也相对较少。2005 年以后国内出现的研究基本都以定性分析为主。

根据前文 2.2.3 小节的总结分析，目前针对承载力的研究有指标体系法、系统模型法和空间分析法。由于同为承载力研究方法，上述方法必定适合城市内部空间承载力的研究，且是未来城市内部空间承载力的研究主要方向。

但是考虑到工作量和数据的可获得性，本书采用简单的单要素评价，用短板理论发现最影响 UCC 的因素，通过叠加分析以及系统模型的计算，在空间层面直观地显示典型城市内部空间的承载能力的研究方法。

该部分的城市承载力研究具有非常广阔的应用前景和实用价值，可直观地对解决城市问题提供对策建议，如人口疏导、居住状况等问题。也是研究最困难的部分，技术要求高，数据准备情况非常差。本部分的研究带有强烈的探索性，以期为未来的深入研究提供一个初步的思路。

第4章

区域层面城市承载能力分析

城市化在推动了人类经济、社会、文化、教育、科技快速发展的同时,也在区域和全球尺度上造成了资源短缺、环境污染、生态破坏等一系列严重的生态与环境问题。

无论是国家发展计划,还是经济工作会议都提出要提高城镇综合承载能力,建设部作为具体落实机构更是直接制定了具体政策。城市规划作为直接承担者,在确定城市性质,预测城市规模与城镇体系布局,协调旧城改造等方面,进行相关的研究分析是非常必要的。

区域层面的 UCC 分析是可持续发展的重要保障。城市的可持续发展包括城市经济可持续发展、社会可持续发展与环境可持续发展。可持续发展是在经济、社会、环境能够自我调节、自我恢复的阈值范围内的可持续发展。该阈值范围就是城市的承载力,确保城市发展在承载力的范围内,才可确保可持续发展。而立足区域层面的 UCC 分析即是将城市看作一个整体,评价城市发展的阈值是否超标。

同时,区域层面的城市承载力评价亦是落实主体功能区划的重要手段。"十一五"规划纲要根据资源环境承载能力、现有开发密度和发展潜力以及其他综合因素,将国土空间划分为优化开发、重点开发、限制开发和禁止开发四类主体功能区。这是我国区域发展战略的一个新思路。而主体功能区具体落实在城市载体必须进行大尺度城市承载力评价。考虑区域资源环境等因素约束的承载力综合评价得分,划定不同的承载分区,在国家主体功能区的基础上进行校核,将使分区管制以及制定不同的发展策略更具有针对性和可行性,也从根本上保障了主体功能区发展战略的落地。

4.1 研究对象与指标体系构建

4.1.1 研究对象空间界定

由于我国区域辽阔,仅地级城市就有 283 个(截至 2004 年 12 月)。样本较大带来资料收集难度及结果分析复杂度加大。同时整体的发展离不开具体的区域,只有确切地知道区域层面城市承载能力的高低及空间分布特征,才能在时间和空间尺度上实现资源的合理配置,并最终实现城市的合理与可持续发展。考虑到工作量和篇幅,本研究选取中国七大城市群(长三角、京津唐、珠三角、山东半岛、辽中南、成渝、长株潭)中比较有代表性的长三角城市群 16 个城市作为研究区域(表 4-1),进行区域尺度的城市承载力研究,以探求区域尺度下城市综合承载力的空间分异特征和动态变化规律。并以上海为典型城市样本,剖析单个城市在区域背景下的承载发展状况及原因。

长三角城市群样本(按省级分类)　　　　表 4-1

省份	个数	包含城市
上海	1	上海市
江苏	8	南京、苏州、无锡、常州、扬州、镇江、南通、泰州
浙江	7	杭州、宁波、绍兴、嘉兴、舟山、湖州、台州

长江三角洲是我国城市化程度最高，城镇分布最密集，经济发展水平最高的地区之一。长三角城市群土地面积 11.01 万 km^2，2009 年总人口 8450.7 万人[①]，以占全国 1.1% 的国土面积，承载了 6.3% 的人口（不含外来人口，实际应接近 10%），集聚了 49.2% 国际资本，创造了 18.6% 的 GDP，21.1% 的财政收入和 37% 的外贸出口。研究区以上海为中心，南京、杭州、宁波、苏州、无锡为副中心，包括江苏省的常州、扬州、镇江、南通、泰州，浙江省的嘉兴、湖州、绍兴、舟山、台州等 16 个城市及其所辖的 74 个县市。

长三角城市群人口密度高，资源环境承载压力较大。近年来，由于工业化和城市化迅猛发展，更加剧了城市群有序发展的压力。能源、水资源和土地资源短缺已成为困扰长三角城市群经济发展的首要问题[②]，而交通压力、环境问题、科技创新能力，亦是长三角城市群需直接面对的城市发展难题。作为长三角首位城市的上海，由于其在有限的城市空间中集聚了大量的人口及辅助服务设施，因此各种城市发展问题表现尤为严重，迫切需要进行承载能力的分析研究，以提出部分可借鉴的有效措施。

4.1.2 研究思路

本部分研究中城市承载力包括要素系统承载力和城市综合承载力。其中要素承载力具有"阈值"的含义，即如果超越该阈值将导致环境严重甚至不可逆转的破坏，进而影响城市的可持续发展，表现出城市发展中的要素短板。城市综合承载力是指城市在不产生任何破坏时所能承受的最大负荷，即城市的资源禀赋、生态环境和基础设施对城市人口和经济社会活动的承载能力。城市综合承载力是一个具有"能力"内涵的概念。

将单个城市作为一个分析样本，从区域层面出发，进行城市承载能力的时空分析。构建指标体系，通过全局主成分分析的方法将不同时点的平面数据表整合成统一的立体时序数据表，同时取得各指标的权重，依据一定的规则计算综合承载能力得分。通过格局分布、空间自相关等空间分析方法进行结果分析，完成 UCC 在长三角范围内的空间分析。通过 K 值的判断，进行城市承载状态时序变化与趋势分析，从而最终实现对区域层面城市承载能力的时空分析。

依据上述分析方法及结果，通过现状和历史发展的比较，分析典型城市——上海承载能力总体和各分系统的现状，以及相对于其他城市所存在的问题，同时预测未来发展的趋势。

上述分析结果将从宏观的角度为后续有效的承载力提升措施制定提供依据，尤其为主体功能区划分、区域发展战略以及城市规划与管理措施的制定提供重要的参考意见。

4.1.3 指标构建原则

城市承载力的评价方法主要包括指标法，以及衍生的模型法和空间计量方法。指标法主要有单一指标和综合指标体系评价方法。单一指标评价方法是选取典型的指标代表整个系统的一种状态，具有阈值的含义。该方法简单易行，但存在严重的不足，主要是由于未

[①] 资料来源：《中国统计年鉴 2010》，人口数据为年末数据。
[②] 资料来源：顾朝林、张敏、张成等. 长江三角洲城市群发展研究 [J]. 长江流域资源与环境，2006（15）.

考虑系统内经济和人类活动方面的参数。综合指标评价体系是建立在包括经济、人类对资源利用参数在内的指标体系，综合大量复杂的信息进行承载力问题诊断。

城市是一个由自然、社会、经济亚系统组成的多目标、多层次、多功能的复合、动态系统，按前文 3.2.3 小节分析所得的承载机制，进一步可以细化为土地、水、交通、环境、科技创新等亚系统，这些亚系统之间的相互关系构成城市承载力的基础。因此适合进行综合指标评价。选取评价指标应该考虑到以下几个方面：①城市是个复杂的系统，评价指标也应该是有体系的，包括土地承载力、水资源承载力、交通承载力、环境承载力和科技承载力等不同的子系统。②评估城市承载力时，应当既选择规模的指标，也选用对承载能力有重要影响的结构与发展水平指标。③城市承载力是一个动态发展的概念，应当尽量评价其发展状况。

按照上述准则，本研究认为，选择城市承载力的评价指标，指标筛选必须达到如下目标，即指标体系能够完整准确地反映城市承载力的状态，能够提供现状代表性的特点；又能对各个子系统的承载状态和人类资源利用的方式进行监测，寻求自然、人为压力与承载力系统之间的相互联系，并探求承载力系统问题存在的原因。同时还能定期地为政府决策、科研以及公众要求提供城市承载力系统承载现状、变化及趋势的统计分析和解释报告。为此，其筛选指标应遵循如下五个原则：目的性原则、本质性原则、层次性原则、独立性原则、可行性原则。

根据上述原则，本研究重点对城市承载力的核心要素——土地资源承载力、水资源承载力、交通承载力、环境承载力、科技承载力的评价指标进行了设计。

4.1.4 指标选取

基于以上分析，在参照国内外已有研究成果的基础上（封志明，1994；郭秀锐，2000；高吉喜，2001；王书华，2001；Oh，2002；陈美球，2003；邵晓梅，2004；谢红霞，2004；夏军，2004；徐琳瑜，2005；罗贞礼，2005；王俭，2005；孟爱云，2006），本研究对表征城市综合承载力的综合评价指标的选取见表4-2。

按照上述分析的城市综合承载力的构成，结合数据可获取性，建立层次结构指标体系，整个指标体系共分三层：

第一层为目标层，即为城市综合承载力指数。

第二层为准则层，由构成综合承载力指数的土地承载能力指数、水资源承载能力指数、城市交通承载能力指数、环境承载能力指数和科技承载能力指数构成。

第三层为指标层，由表征准则层的具体指标构成，依据上述指标确定原则，通过甄选及专家意见咨询，确定18个具体指标作为城市综合承载力的评价指标（表4-2）。

土地承载力的客观评价包括两个方面，一是土地供给指标，考虑到数据的可获取性，选取建成区与耕地面积指标。二是地上承载物（如人口、经济等）对土地的需求，选取地均GDP、非农业人口比重作为指标。

水资源承载力评价的内容：选取供水总量和人均家庭生活用水量作为供水能力和用水需求的指标。

城市综合承载力评价指标体系　　　　　　　　　　表 4-2

目标层	准则层	准则层权重	指标层	指标层权重
城市综合承载力	土地承载能力	0.2190	建成区面积（km²）	0.0538（+）
			年末耕地总面积（khm²）	0.0137（+）
			地均 GDP*（万元/km²）	0.0871（+）
			非农业人口比重（%）	0.0644（+）
	水资源承载能力	0.1204	供水总量（万 m³）	0.0504（+）
			人均家庭生活用水量（m³/人）	0.0700（-）
	交通承载能力	0.2675	年末实有城市道路面积（万 m²）	0.0720（+）
			年末实有公交营运车辆数（辆）	0.0573（+）
			年末实有出租汽车数（辆）	0.0549（+）
			道路面积比*（%）	0.0833（+）
	环境承载能力	0.2647	工业二氧化硫排放量（t）	0.0567（-）
			工业废水达标排放率（%）	0.0430（+）
			园林绿地面积（hm²）	0.0274（+）
			建成区绿化覆盖率（%）	0.0467（+）
			全年用电量（万 kWh）	0.0674（+）
			居民人均生活用电量（kWh/人）	0.0235（-）
	科技承载能力	0.1284	科研从业人员数（人/万人）	0.0518（+）
			专利批准量（件）	0.0766（+）

注：①指标数据除带星号数据外，均直接来自《中国城市统计年鉴》（1999~2007）、《中国建设年鉴》（2002~2006）、《中国城市建设统计年报》（2000~2001）、《中国城市竞争力报告》（No1~No6）等相关统计资料。带星号指标为计算所得。其中，地均 GDP = 全市 GPD/行政区土地面积，道路面积比 = 年末实有城市道路面积/建成区面积。

②采用主成分分析，指标层的指标个数对准则层权重的影响不大。有影响是肯定的，但是相对于均方差分析等其他客观赋值方法，影响相对较小。通过主成分赋权，各指标权重见表 4-2。

③研究中将评价指标分为"效益型"和"成本型"两大类，"效益型"指标是指属性值与承载力正相关的指标，"成本型"指标是指属性值与承载力负相关的指标，"+"为效益型指标，"-"为成本型指标。

交通承载力评价的内容：年末实有铺装道路面积、道路面积比作为供给指标，年末实有公共（电）车营运车辆数、年末出租车数量作为需求指标。

环境承载力评价的内容：①能源，全年用电量作为能源供应指标衡量，居民人均生活用电量作为消耗指标；②环境，工业二氧化硫排放作为环境消耗指标，园林绿地面积作为供应指标，工业废水排放达标率和建成区绿化覆盖率作为结构指标。

科技承载力评价的内容：选取万人科研人员数和专利授予量作为科技供应能力和科技创新需求的指标。

4.2　数据获取与评价方法

4.2.1　数据获取

本书的数据主要来源于《中国城市统计年鉴》（2001~2010），部分缺失数据采用《水资源公报》（2001~2004）、《中国建设年鉴》（2002~2006）、《中国环境统计年鉴》（2005）、《长江及珠江三角洲和港澳特别行政区统计年鉴》[①]（2003~2009）和《中国城市竞争力报告》（No.1~No.6）的数据，对于部分明显不合理数据，采用各地统计年鉴与各部门统计年鉴进行了调整（例如，2002 年部分城市工业废水排放达标率超过 100%等，作了相应调整。限于篇幅，不再一一罗列）。

4.2.2　评价方法

在多指标综合评价中，权重系数的确定是一个重要的步骤。各评价指标权重分配不同会直接导致评价对象优劣顺序的改变，因而权重的合理性、准确性直接影响评价结果的可靠性。一般地，根据原始数据的不同来源，确定指标权重的方法大体上分为主观赋值法和客观赋值法两类。主观赋值法主要是由专家根据经验主观判断而获得，如古林法、Delphi 法、AHP 法等，这种方法较为成熟，但客观性较差。客观赋权法的原始数据来自于评价矩阵的实际数据，切断了权重系数主观性的来源，使系统具有绝对的客观性。其基本原理是：若某一指标对所有决策方案的属性值有较大差异，这样的评价指标对方案的决策与排序将起重要作用，应给予较大的权重。反之，给予的权重较小。这类方法的优点是权重的客观性强。客观赋权法主要包括：最大离差权数法、标准差权数法、标准差系数权数法（变异系数法）、主成分分析法（PCA，处理时序数据时发展为全局主成分分析，GPCA）、因子分析法、数据包络分析（DEA）、灰色关联度分析法等等。

本研究运用全局主成分分析法，计算长三角 16 个城市在 2000~2009 年近 10 年中的 UCC 综合得分。评价权重是在依据全局主成分分析法对原始数据处理的基础上获得的，具有很好的客观性。全局主成分分析可得出各城市综合承载力和分项承载力的分值与排名，以及展示时序的变化，但不能对各城市承载状况进行空间分析，亦不能利用立体时序数据进行时序分析及预测。因此对于处理后的结果进一步进行如下分析：

（1）空间格局分析。依据分析结果，划分若干承载状态，分析不同状态城市在空间上的分布特征。

（2）理论验证。利用曲线形态确定 K 值，以及承载力变化周期，验证第 3 章的理论曲线假设，并预测未来的发展。

（3）ESDA 分析。利用全局空间自相关指数 Moran's I 指数绘制 LISA 聚集图，进行空间自相关分析；利用 G 统计值进行空间关联分析；与人口增长、经济发展进行空间匹配分析；

依据上述评价模型，最终完成区域层面城市综合承载力全面的评价。

4.2.3　全局主成分分析方法

经典主成分分析只针对由样本和指标构成的平面数据表，并未加入时间序列。如果对每张平面数据表进行经典的主成分分析，由于不同的数据表具有不同的主平面，无法对同一样本不同时点的评价结果进行对比。为了保证系统分析的统一性、整体性与可比性，需

[①] 2008 年后，改名称为《长江及珠江三角洲和港澳台统计年鉴》。

要将不同时点的平面数据表整合成统一的立体时序数据表，然后用经典主成分方法进行分析。这种加入时间序列的主成分分析即为全局主成分分析（Generalized Principle Component Analysis，GPCA）。

全局主成分分析方法将多维动态系统的立体时序数据通过全局主成分公因子变换到统一的全局主超平面上，使得各年份的主成分公因子具有相同的构成，再将主超平面上的数据进行变换、组合，根据不同时序排序，从而反映出分析系统的动态特性。

城市综合承载力是具有显著动态特性的多维复杂系统。在资源耗用、污染物排放、生态恢复和环境治理等自然作用和人为干预下，城市综合承载力随时间的发展表现出不同的特征，表征数据按时间顺序形成平面数据表序列，构成了城市综合承载力的数据集，称为立体时序数据表。若对序列内每一张平面数据表进行单表主成分分析，将会形成完全不同的简化空间，无法保证时序区间内分析结论的统一性、整体性和可比性。运用全局主成分分析方法，可以得到统一的简化子空间，便于迅速提取立体数据表中的重要信息，把握城市综合承载力随时间演变的动态规律。

4.2.4　数据处理过程

1. 构造全局数据表

设有 n 个城市作为城市综合承载力的样本，每个样本有 m 个变量指标，这样就构成了一个平面数据表，数学表现为一个 $n \times m$ 阶的矩阵 $R_{n \times m}$（式4-2）。当时间的跨度为 T 时，T 个平面数据表构成了一个 T 维的全局立体时序数据表 K（式4-1）。

$$K=\{x_t \in R_{n \times m}, t=1, 2, \cdots, T\} \quad (4-1)$$

以 x_1，x_2，$\cdots$，x_m 为变量的指标，在 t 时刻数据表 X^t 中可表示为

$$X^t = \begin{bmatrix} e_1^t \\ e_2^t \\ \vdots \\ e_n^t \end{bmatrix} = \begin{bmatrix} x_{11}^t & x_{11}^t & \cdots & x_{1m}^t \\ x_{21}^t & x_{21}^t & \cdots & x_{2m}^t \\ \vdots & \vdots & & \vdots \\ x_{n1}^t & x_{n1}^t & \cdots & x_{nm}^t \end{bmatrix} \quad t=1, 2, \cdots, T \quad (4-2)$$

2. 数据标准化

研究中将评价指标分为"效益型"和"成本型"两大类，"效益型"指标是指属性值与承载力正相关的指标，"成本型"指标是指属性值与承载力负相关的指标（表4-2）。为了消除量纲和量纲单位的影响，本书分析采用极差法对这两类指标进行无量纲标准化处理。给定样本矩阵 $X_{n \times m}=(x_1, x_2, \cdots, x_m)$，对原始数据进行标准化处理，得到数据阵 $X_{n \times m}^* = (x_1^*, x_2^*, \cdots, x_m^*)$。

对于效益型指标：

$$x_{ij}^* = (x_{ij} - x_{j\min}) / (x_{j\max} - x_{j\min}) \quad (i=1, 2, 3, \cdots, n; j=1, 2, 3, \cdots, m) \quad (4-3)$$

式中：$x_{j\max}$，$x_{j\min}$ 分别为 i、j 指标的最大值和最小值。

对于成本型指标：

$$x_{ij}^* = (x_{j\max} - x_{ij}) / (x_{j\max} - x_{j\min}) \quad (i=1, 2, 3, \cdots, n; j=1, 2, 3, \cdots, m) \quad (4-4)$$

式中：$x_{j\max}$，$x_{j\min}$ 分别为 i、j 指标的最大值和最小值。由此无量纲标准化后的决策矩阵为

$x^* = (x^*_{ij})_{n \times m}$,显然,$x^*_{ij}$ 愈大愈好。

3. 有效性检验

确定待分析的原有若干变量是否适合于因子分析;根据表 4-3,$KMO > 0.7$,说明变量适宜作因子分析;Bartlett's 球形检验,结论拒绝假设,说明变量间存在相关性,符合因子分析的要求。

变量的 KMO 统计量及 Bartlett's 球形检验　　　表 4-3

	KMO 测度值	0.824
Bartlett's 球体检验	卡方近似值	4574.426
	自由度	153
	显著性	0.000

4. 求取特征值

进行 GPCA 分析,求得全局主成分特征值及累计贡献率。

选取累积贡献率达到 80% 以上的特征值对应的因子个数,作为全局主公因子个数。本研究选取累计贡献率为 80.344% 的 4 个公因子,见表 4-4。

全局主成分特征值及累计贡献率　　　表 4-4

主成分	因子提取结果		
	特征值	贡献率(%)	累积贡献率(%)
1	10.161	56.450	56.450
2	1.808	10.044	66.493
3	1.405	7.808	74.301
4	1.088	6.043	80.344

5. 构造综合评价函数

构造综合得分函数(式 4-5),计算各评价指标的权重。

$$\begin{aligned} F &= (\lambda_1 Y_1 + \lambda_2 Y_2 + \cdots + \lambda_m Y_m)/(\lambda_1 + \lambda_2 + \cdots + \lambda_m) \\ &= [(\lambda_1 u_{11} + \lambda_2 u_{12} + \cdots + \lambda_m u_{1m})X_1 + (\lambda_1 u_{21} + \lambda_2 u_{22} + \cdots + \lambda_m u_{2m})X_2 + \cdots \\ &\quad + (\lambda_1 u_{m1} + \lambda_2 u_{m2} + \cdots + \lambda_m u_{mm})X_m]/(\lambda_1 + \lambda_2 + \cdots + \lambda_m) \\ &= \beta_1 X_1 + \beta_2 X_2 + \cdots + \beta_m X_m \end{aligned} \quad (4-5)$$

其中 F 为综合承载力得分函数,$\beta_i = (\lambda_1 u_{i1} + \lambda_2 u_{i2} + \cdots + \lambda_m u_{im})/(\lambda_1 + \lambda_2 + \cdots + \lambda_m)$,为指标 X_i 的权重。相应的可以计算出各要素承载力分值。

权重获取过程:　　$W_i = |\beta_i|/(|\beta_1| + |\beta_2| + \cdots + |\beta_m|)$ 　　(4-6)

$$\begin{aligned} F_1 &= 0.095X_1 + 0.009X_2 + 0.087X_3 + 0.083X_4 + 0.095X_5 - 0.029X_6 + 0.089X_7 + 0.094X_8 \\ &\quad + 0.092X_9 + 0.023X_{10} - 0.085X_{11} + 0.008X_{12} + 0.065X_{13} + 0.024X_{14} + 0.096X_{15} \\ &\quad - 0.07X_{16} + 0.092X_{17} + 0.068X_{18} \end{aligned} \quad (4-7)$$

$$F_2=-0.052X_1+0.267X_2+0.055X_3+0.12X_4-0.077X_5+0.183X_6+0.025X_7-0.072X_8$$
$$-0.092X_9+0.305X_{10}-0.048X_{11}+0.427X_{12}+0.017X_{13}+0.34X_{14}-0.043X_{15}$$
$$-0.001X_{16}-0.101X_{17}+0.044X_{18} \quad (4-8)$$

$$F_3=0.045X_1-0.431X_2+0.169X_3+0.066X_4-0.07X_5+0.522X_6-0.021X_7-0.063X_8$$
$$-0.074X_9-0.045X_{10}+0.119X_{11}-0.202X_{12}+0.14X_{13}+0.239X_{14}+0.029X_{15}$$
$$+0.08X_{16}-0.009X_{17}+0.25X_{18} \quad (4-9)$$

$$F_4=-0.101X_1-0.161X_2+0.096X_3-0.162X_4+0.042X_5+0.269X_6+0.161X_7+0.129X_8$$
$$+0.16X_9+0.5X_{10}-0.074X_{11}+0.079X_{12}-0.434X_{13}-0.443X_{14}+0.081X_{15}$$
$$+0.222X_{16}+0.041X_{17}+0.04X_{18} \quad (4-10)$$

6. 计算综合得分

$$F=(0.56450F_1+0.10044F_2+0.07808F_3+0.6043F_4)/0.80344$$
$$=0.0567X_1-0.0145X_2+0.0917X_3+0.0678X_4+0.0531X_5+0.0737X_6+0.0759X_7$$
$$+0.0603X_8+0.0579X_9+0.0877X_{10}-0.0597X_{11}+0.0453X_{12}+0.0289X_{13}$$
$$+0.0492X_{14}+0.071X_{15}-0.0247X_{16}+0.0545X_{17}+0.0807X_{18} \quad (4-11)$$

7. 应用结果

主要进行关键影响因素分析、时序分析、承载状态判断及空间分区、空间相关等结果分析。

长三角城市群空间权重矩阵　　　　表4-5

	上海	南京	无锡	常州	苏州	南通	扬州	镇江	泰州	杭州	宁波	嘉兴	湖州	绍兴	舟山	台州
上海	0	0	0	0	1	1	0	0	0	0	1	1	0	0	1	0
南京	0	0	0	1	0	0	1	1	0	0	0	0	0	0	0	0
无锡	0	0	0	1	1	0	0	0	1	0	0	0	1	0	0	0
常州	0	1	1	0	0	0	0	1	1	0	0	0	0	0	0	0
苏州	1	0	1	0	0	1	0	0	1	0	0	1	1	0	0	0
南通	1	0	0	0	1	0	0	0	1	0	0	0	0	0	0	0
扬州	0	1	0	0	0	0	0	1	1	0	0	0	0	0	0	0
镇江	1	0	0	0	0	1	0	0	0	0	0	0	0	0	0	0
泰州	0	0	1	1	1	1	1	0	0	0	0	0	0	0	0	0
杭州	0	0	0	0	0	0	0	0	0	0	1	1	1	0	0	0
宁波	1	0	0	0	0	0	0	0	0	0	1	0	0	1	1	1
嘉兴	1	0	0	0	1	0	0	0	0	1	0	0	1	1	0	0
湖州	0	0	1	0	1	0	0	0	0	0	1	0	0	0	0	0
绍兴	0	0	0	0	0	0	0	0	0	1	1	1	0	0	0	1
舟山	1	0	0	0	0	0	0	0	0	0	1	0	0	0	0	0
台州	0	0	0	0	0	0	0	0	0	1	0	0	1	0	0	0

基于ESDA的空间自相关分析方法，算法实现要点如下：

ArcGIS Desktop → ArcToolbox → Spatial Statistics Tools → Analyzing Patterns → 选Spatial

Autocorrelation（Moran's I）计算 Moran 指数 I，选 High–Low Clustering（Getis–Ord General G）计算 Geary 指数 C。

空间权重矩阵 w_{ij} 以是否相邻设定空间权重：区域 i 和 j 相邻，$w_{ij}=1$；其他，$w_{ij}=0$，生产的空间权重矩阵见表 4-5。

空间邻接的判别选 Get Spatial Weights From File。空间权重文件需自行设置，为一个文本文件，第一行需说明样本标识字段"OBJECTID"，第二行开始形成形如"polygen1 polygen2 weight"的数据列表。

4.2.5 数据分析过程小结

本章数据预处理及结果分析过程中，主要应用了全局主成分分析方法、K 值判定方法、承载状态判定方法、空间格局分析方法和 ESDA 空间关联测度方法等数据分析方法。

上述分析方法可作为数据分析模块集成于基于 GIS 的城市承载力评估软件中。全局主成分分析方法偏重对数据的预处理。其他分析方法有赖 GPCA 的处理结果。只要积累足够的时序统计数据，上述分析方法完全适合全国、区域城市群以及省域城市的承载力分析，不仅可以分析地级以上城市组合，还可分析县域城市群的承载状况。

GPCA 主要解决了长时间序列数据不同年份间的可比问题，其带有 PCA 方法固有的缺陷，如需要进行指标正态标准化；当主成分因子负荷的符号有正有负时，综合评价函数意义就不明确，命名清晰性低；当指标间线性相关程度不高时，累积贡献率较小，要考虑其他非线性手段予以改进。

ESDA 空间关联测度方法是用直观的方法展现空间数据中隐含的空间分布、空间模式以及空间相互作用等特征。其适合在一定的地理空间里寻找局部的集聚和空间的异常情况，尤其是在经济地理领域，应用范围非常广泛，详细的应用范例见前文 2.2.3 小节。其主要的缺陷是对样本数据量有一定的要求，如果太少则无法监测空间的异常。

K 值判定方法、承载状态判定方法、空间格局分析方法等分析方法是一组城市承载力分析的专用方法。通过对承载标准的修正，也可用于其他承载力研究领域。上述方法是严格依据本书所提出的承载理论模型所导出的处理方法，对本书提出的承载理论模型有较好的适应性，但也存在以下缺陷：①时序数据要求有足够长的时间跨度；②多个转变点存在情况下，如何筛选真正的 K 值；③承载状态的划分标准缺乏客观依据。

4.3 结果与分析之一——长三角城市群

4.3.1 城市群承载力关键影响因素分析

根据全局主成分分析法确定的各单项指标的权重（见表 4-2），在指标层权重中，地均 GDP 权重 0.0871，值最大，其次为道路面积比权重 0.0833，专利批准量权重 0.0766。这表明在 2000~2009 年这 10 年中，地均 GDP 是对城市综合承载力最具有影响力的指标，其次是道路面积比和专利批准量这两个指标。说明经济实力以及土地生产率高低对城市综合承载力影响显著，交通系统中的道路供给比例和科技承载系统中的科技成果需求亦对城市承载力有较大影响。

从各要素承载力（准则层）的权重分析，交通承载力对城市综合承载力影响最大，权重 0.2675，环境承载力次之，权重 0.2647。土地承载力（0.219）、科技承载力（0.1284）、水资源承载力（0.1204）影响力较弱。由此可见在 2000~2009 年这 10 年中影响长三角城市群的主要要素是交通承载力及环境承载力。这说明现有道路等交通基础设施已无法满足长三角城市群现已产生较大的出行需求，而且这种承载的矛盾已成为影响城市承载力的主要因素。产生的原因是经济快速发展，而城市基础设施建设未及时跟进，导致历史欠账，同时对于经济发展后旺盛的用车需求缺乏引导管理。环境问题一直是我国经济发展的伴生大问题，尤其是在长三角这一全国最大区域，虽然目前已引起各界的重视，但这么多年积累的问题也非一朝一夕所能改变，因此其对综合承载结果亦有较大影响力。

水资源承载力影响最弱，说明长三角城市群地处江南，水资源总量及潜在可利用量较国内其他城市群（如中原城市群、京津唐城市群等）要更丰富。在人均需求全国变化不大的情况下，水资源承载力始终处于一个良性承载的状态，因此对最终的城市综合承载力影响较弱。

4.3.2 城市群要素承载力时序分析

从近 10 年的要素承载力数值变化分析（见图 4-1），长三角城市群各要素承载力都有所提高，虽然交通承载力在 2005 年，环境承载力在 2007 年开始减少，但都难改总体提高的趋势。这说明随经济发展及技术进步，城市群扩大了资源环境利用的广度和深度，转化了部分承载潜力，提高了利用效率，通过对城市内部的建设促使了城市容纳量增大，最终导致城市承载力的提高。虽然在发展过程中，由于技术及管理的原因有所反复，但扩大的整体趋势不变。

技术革新引致的生产方式革新带来的产品供给扩张与消费需求不断增长的动态变化可能会引发资源环境供给的相对短缺，进而从供给和需求双方两方面压缩承载力。虽然有些要素可以从城市以外的区域调入，但是随着资源稀缺性的不断加强，城市花费的成本将会

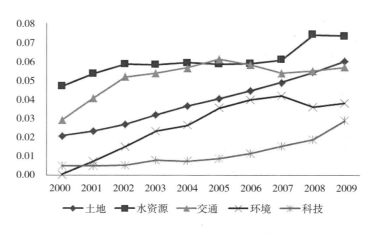

图 4-1　2000~2009 年要素承载力数值变化图

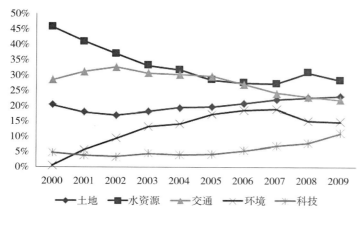

图 4-2 2000~2009 年要素承载力比例变化图

不断攀升,当到达一定限度之后,城市可持续发展的能力将会受到威胁。时序的变化显示这种动态变化,对可持续发展的威胁一直存在,但是否已达到警戒水平尚缺乏明显的证据。

从近 10 年的要素承载力比例变化分析(图 4-2),长三角城市群各要素承载力比例有趋同的趋势,水资源承载力、交通承载力比例一直在减少,而环境承载力比例 2007 年后亦开始较少,土地及科技承载力比例则一直在增加。这说明长三角城市发展已经开始从要素驱动增长向创新驱动增长转型,科技承载力对整体承载力的贡献在逐年加大,2005 年后这种贡献率增加更快。城市扩张的压力使土地资源对城市发展的软约束(原来建设用地指标宽松)正在转变成城市发展的硬约束(建设用地指标稀缺),因此土地承载力的比例在增加。

从单个要素承载的发展分析,除 2000 年外,科技承载力一直是长三角城市群发展的瓶颈,其次为环境承载力。

科技创新是城市承载力具有动态特征的表现,不仅体现为新技术在生产中的应用,同样包括管理理念、资源配置方法的改进。技术进步能带来城市承载力供给方面的增大,一方面潜在的资源环境将会变成现实的存量,加大承载力的供给能力;另一方面,技术进步提高资源利用效率,使得单位产出的能耗、水耗降低,从质的方面加大承载力的供给能力。长三角城市群 2000~2009 年的发展基本以资源能源等要素驱动,"智慧城市"、"低碳城市"等技术驱动城市发展的概念均是 2010 年世博会后产生。技术进步滞后导致现阶段资源能源利用效率较低,如重点钢铁企业吨钢能耗比国际水平高 40%,火电煤耗高于国际水平 30%,万元 GDP 耗水比国际水平高 5 倍,能耗高于国际水平 3 倍,而城市土地单位面积产出又只及国外的几分之一甚至几十分之一。这种传统的生产与生活方式是科技承载力成为瓶颈的原因。

同时,长三角城市群的环境承载力堪忧。长三角城市群水资源总量丰富,但水环境污染问题突出,形成了较为严重的"水质性缺水"状况。长江口、杭州湾及附近海域是我国近岸海域污染最严重的地区。上海、苏锡常地区、杭嘉湖地区因地下水超采,形成大面积地下水位降落漏斗,危及地下水的可持续利用。从化学需氧量排放强度来看,常州、泰州、杭州、嘉兴、绍兴等5个地市的万元工业总产值COD排放量高于全国重点城市的平均水平。城镇生活污水的处理水平仍然偏低，南通、扬州、泰州、宁波、台州等5个城市的生活污水处理率甚至低于重点城市46%的平均水平，在该地区人口逐年快速增长的情形下，生活污水处理水平若不及时提高将加重地区水环境的压力。大气污染突出，工业二氧化硫呈现显著上升趋势。上海市二氧化硫排放总量最大，其中工业二氧化硫排放量占总排放量的74%，其次是苏州和宁波两城市工业二氧化硫排放量占总排放量的98%。

4.3.3 K值确定与承载状态判断

根据本书第3章提出的理论，城市承载力在一定时间存在一个确定的承载极限K，市民忍受力围绕K值上下波动，承载力超越忍受力上限即出现承载超载的情况。在一个相对长的时间序列内，承载极限K是存在持续增长的，具体方式为按指数方式跳跃增长。

基于以上的理论，显然承载极限K变化反映在承载力函数$P(t)$时，承载力函数$P(t)$出现拐点，且曲线形状从凸转向凹，即$P''(t)$从小于零转变为大于零，两个此类的拐点即为一个K值变化的周期。Meyer和Ausubel（1999）构筑的双logistic曲线方程仅反映了两个K值的变化，长时间序列承载力函数$P(t)$应该为若干个双logistic曲线的上升重复。

利用分析结果，计算长三角16城市在2000~2009年的综合承载能力均值，采用3年滑动平均以消除随机因素的干扰，构筑承载力函数$P(t)$在上述年份的变化曲线。结果见表4-6和图4-3。

2000～2009年长三角综合承载能力均值及其斜率变化　　　表4-6

年份	2000	2001	2002	2003	2004	2005	2006	2007	2008	2009
综合承载能力	0.103	0.131	0.158	0.176	0.187	0.205	0.213	0.221	0.238	0.258
3年滑动平均值	0.103	0.131	0.155	0.174	0.189	0.202	0.213	0.224	0.239	0.258
斜率$P'(t)$	N/A	0.028	0.024	0.019	0.016	0.013	0.012	0.011	0.015	0.018
斜率变化$P''(t)$	N/A	N/A	−	−	−	−	−	−	+	+

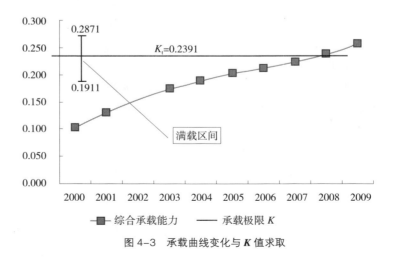

图4-3 承载曲线变化与K值求取

(1) 2007~2008 年间 $P(t)$ 存在一个拐点，且曲线从凸转向凹。说明在此期间上一周期的承载极限 K 值已经被突破，承载极限已经跳跃至下一个周期。可能原因是城市化进程的变缓。根据美国地理学家诺瑟姆的研究，当城市化水平超过 30% 时，城市化进程出现加快趋势，这种趋势一直要持续到城市人口超过 70% 才会趋缓。长三角城市群在 2008 年后城市人口已经超过 70%，城市化进程已经变缓。

(2) 同时可以确定上一变化周期的 K_{t1}=0.2391，即为曲线拐点对应的纵坐标值。确定发生转变的最晚时间为 2008 年，即为曲线拐点对应的纵坐标值。选择 2008 年作为 K 值转变年，主要考虑 K 值转变的滞后效应。

(3) 由于仅存在一个 K 值变化的拐点，因此无法确认研究期的 K 值变化周期。需要更长时间序列的数据完整展现周期的变化，进而验证理论的假设。

由于确定了研究期的 K 值，因此根据理论，可就承载状态作出判断。

本研究定义市民忍受力标准为：围绕 K_{t1}，变化幅度为上下一个标准差，即承载弹性空间（0.1911<$P(t)$<0.2871），见图 4-2。则承载状态判断标准为：

(1) 超载：承载力 $P(t)$ 超越市民忍受力上限，即 $P(t)$>0.2871。

(2) 满载：承载力 $P(t)$ 位于市民忍受力区间内，即 0.1911<$P(t)$<0.2871。表明该时期承载已经不舒适，但仍在可忍受范围内。

(3) 适宜：市民忍受力下限开始，至向下 2 个标准差区间，即 0.0951<$P(t)$<0.1911。表明该时刻是承载的最佳状态，即无需忍受供给不足带来的痛苦，又不存在对资源环境的浪费。

(4) 不足：适宜区间下限以下部分，即 $P(t)$<0.0951，该时刻有效承载不足。

4.3.4 空间格局分析

依据 4.3.3 节对承载状况的定义及设定的划分标准，根据各城市综合承载力的综合得分，将城市分为以下 4 种类型区，如图 4-4 所示：

承载超负荷区（$P(t)$>0.2871）：该区域在 2004 年前为上海独有，随后出现了南京（2005 年始）、无锡（2007 年始）、苏州（2008 年始），以区域内超大城市和特大城市为主。该区域共同的特征，各个要素系统的得分均高于中间水平，地均 GDP 排名全国靠前，所以综合得分较高。但是该时期系统的协调性已下降，城市交通拥堵，城市环境质量下降，公共服务供给不足和公共安全保障不力等城市问题集中爆发。因此较高的得分，并未预示承载能力的强大，而是系统失衡，承载超负荷的表征。

承载满负荷区（0.1911<$P(t)$<0.2871）：最早出现在南京（2001 年始），随后向苏锡常地区（2002 年始）及杭甬地区（2005 年始）蔓延。以区域内特大城市为主。该区的共同特征是：各个要素系统的得分均位于中间水平，交通和环境得分靠前，综合得分较高。系统的协调性已出现问题，各种城市病已初现端倪，但仍在区内居民可以承受的范围。

承载适宜区（0.0951<$P(t)$<0.1911）：初期主要出现在苏南的南京及苏锡常地区，浙北的杭甬地区（2000 年始），以特大城市为主，后慢慢发展到区域内的大中城市，如江苏的南通、泰州等城市，浙江的台州、舟山等城市。该区的共同特征是：各个支撑系统评价

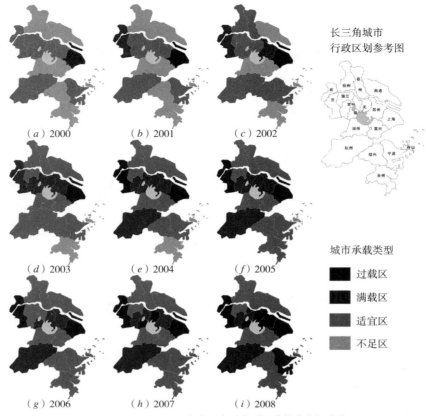

图 4-4　2000~2009 年长三角城市群承载能力空间演化

较高,总体各系统协调性较好。尚未出现各种城市病,居民生活较为舒适,城市处于一种良性的运行状态。

承载不足区($P(t)<0.0951$):主要以区域内大中城市为主,并于 2005 年在舟山最终消失。该区的共同特征是:各要素的承载力均较弱,因而对系统的支持能力不强,尤其是土地承载力和交通承载力,在系统中排序靠后。区内居民的需求,相对城市现有的供给以及潜在的土地、水资源的供给能力,较为疲软及低迷,存在若干城市设施的闲置,城市发展具有较大潜力。

由上述分区分布及其特征可得:

(1)随时间变化,城市综合承载力的承载状况存在从不足向超载的不断演进。各城市由于城市规模等级以及初始承载状态的不同,在同一承载状态的显示时间上略有差异。这种演化的结果是长三角城市群总体承载状况趋于恶化,承载的潜力趋于耗尽。到 2008 年超载的城市已从初期的 1 个发展成 4 个,整个区域至 2005 年城市承载不足的情况已经消失。

(2)从空间上分析,存在清晰的变化路径,即以上海、南京、杭州三个区域中心城市为基点,沿长江南岸及钱塘江发展,并慢慢深入区域腹地。

(3)2008 年承载状况的城市群内部区域分析显示,江苏省所属城市的承载状况明显差于浙江省所属城市,江苏省长江以南地区的城市承载状况又明显差于长江以北地区的城市。

整个研究周期中，江苏省所属城市承载状况的演进阶段明显高于同期浙江省所属的城市；江苏省长江以南地区的城市承载状况演进阶段明显高于长江以北地区的城市。

（4）承载状况与城市规模等级存在联系。整个研究周期中，上海这一超大城市承载状况一直处于超载状态中，苏锡常及杭甬等特大城市及大城市承载状况较好。这说明，城市的综合承载力并不是随着规模的扩大而不断增加，而是达到一个合理规模之后，综合承载能力逐步降低。同时也表明，城市人口的扩张要与资源要素互相匹配，保持适当的发展速度。城市发展不能一味地扩大城市规模，否则资源要素的支撑能力有限，反而会阻碍城市发展。虽然超大城市的系统协调能力较强，产业结构相对合理，可以从外部调入资源扩大供给，但是对各个要素的需求也较大。从总体来看，超大城市中的交通和环境成为发展中的短板。

4.3.5 ESDA 分析

ESDA（Exploratory Spatial Data Analysis）方法将统计学与现代图形计算技术结合起来，用直观的方法展现空间数据中隐含的空间分布、空间模式以及空间相互作用等特征。其本质是数据驱动的探索过程，而非理论驱动的演绎推理过程。本研究利用 ESDA 中的空间关联测度来探索城市综合承载力可能存在的空间自相关与集聚状态。首先利用全局空间自相关指数 Moran's I 指数与 Geary 指数 G 判断是否存在自相关与集聚情况，判断如果存在集聚则利用局部 Moran's I 指数与局部 Geary 指数 G_i 来检验局部地区的高值与低值的聚类情况，并利用 Moran 散点图和 LISA 聚集图将这种差异的空间格局可视化，进而得出其空间分布的规律。

同时选用 Geary 指数 G 是因为张松林等[①]人的研究成果显示 G 指数相对 I 指数在检测空间集聚时较为敏感。

计算结果显示（表 4-7）2000~2009 年中，全局 Moran 指数与 Geary 指数均未落入置信区间中（置信区间 $p<0.10$，$|Z(I)|>1.65$；置信区间 $p<0.05$，$|Z(I)|>1.96$），表明长三角城市综合承载力在这 10 年中是随机分布，即并未存在明显的集聚情况。由于全局为随机分布，因此利用局部 Moran's I 指数与局部 Geary 指数 G_i 进行局部空间的聚类检测已无意义。

近 10 年全局 Moran 指数 I 与 Geary 指数 G 变化情况　　　　表 4-7

	2000	2001	2002	2003	2004	2005	2006	2007	2008	2009
I 指数	−0.142	−0.159	−0.200	−0.205	−0.201	−0.200	−0.178	−0.185	−0.195	−0.185
$Z(I_i)$	−0.932	−0.963	−1.288	−1.377	−1.333	−1.293	−1.142	−1.143	−1.207	−1.096
G 指数	0.287	0.273	0.287	0.285	0.286	0.282	0.290	0.288	0.284	0.288
$Z(G_i)$	0.470	0.150	0.531	0.479	0.512	0.428	0.670	0.669	0.601	0.701

---

① 张松林，张昆. 全局空间自相关 Moran 指数和 G 系数对比研究[J]. 中山大学学报（自然科学版），2007，46（4）：93-97。

而利用变异系数（C_v）进行区域差异的评估显示（图4-5），近10年里，长三角城市群的差异在逐年减小，但目前差异仍较大（2009年，C_v为59.74%）。

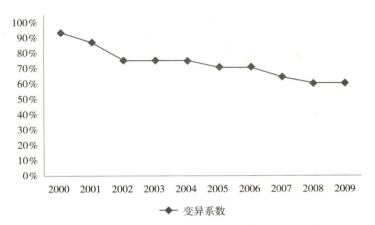

图4-5　长三角城市群2000~2009年城市综合承载力区域差异变化

以上结果说明：长三角区域内省、市行政区划分割明显。就目前的16个城市而言，被江、浙、沪两省一市的行政区界一分为三，这在其他城市群是不多见的，由此而形成的行政壁垒和地方保护主义已经严重影响了区域内各城市间正常的交流和合作以及共同市场的形成和发育。也间接造成了城市间承载能力较少相互影响，基本为独立发展的模式。

20世纪90年代后期，上海率先提出了长三角区域经济一体化发展的倡议并逐步成为各城市政府的共识。开始是区域协作，随后是区域联动，并由此而建立了长三角城市经济协调会议制度，由口号而逐步具体化为实际的行动推进，在商贸联动、旅游联动等少数领域也确实取得了一定的实质性进展。这些直接导致了城市间承载能力差异的缩小，但就总体而言，经过十数年的努力，长三角一体化还是坐而论道多于实际行动，动力不足而阻力不小，在产业发展、市场建设、生态保护等许多重要领域依然是各自为战状态。

因此，近10年的长三角城市群承载力在空间上基本是随机分布，独立发展，虽然长三角一体化等措施使差异化有减少的趋势，但是总体空间差异仍很大。

4.4　结果与分析之二——典型城市上海

上海作为长三角经济圈的中心城市和中国国际化大都市，位于两大经济带——沿海经济带与长江流域经济带的T形结合部，对长三角有巨大的牵动力和辐射力。近年来抓住浦东开发开放、加入WTO、举办世博会等城市发展契机，正慢慢转变成世界城市。作为崛起中的亚洲区域性全球城市，分析其承载力发生发展情况，对提升其本身城市建设管理能力，同时对国内其他城市承载能力研究及城市发展有一定的借鉴意义。

4.4.1　上海承载能力发展现状分析

经过30年改革开放，上海在经济实力、产业能级、城市建设与管理和社会事业等方面取得突破性发展，但上海仍是一个发展中的国际化大都市，在城市结构、土地使用等方面还存在诸多承载问题。

1. 城市发展过度向中心城区集聚

单中心态势不仅未得到有效控制，反而在不断强化和扩张，多中心城市空间格局始终未出现。郊区缺少百万级人口的城市，中心城城市建设用地不断扩张，已与周边宝山、闵行规划新城，以及嘉定、青浦、浦东的有关城镇连成一体，构成了一个 1200~1500km² 新的超大中心城，集聚了超过 1200 万人口，同时郊区缺少百万级人口的城市。这是标准的"摊大饼"式的传统城市化，也是一系列问题产生的最大根源。由此引发的交通拥堵、住宅短缺、生态环境恶化等一系列问题将会长期困扰着上海社会经济可持续发展。

2. 土地资源日益短缺

由于上海市陆域面积利用程度已经很高，而经济发展和城市建设对土地需求的持续增加，土地资源的供求矛盾十分严峻。上海土地面积为 6340.5km²，2008 年城市建设用地 2288km²。按照城市建设用地占整个城市土地 1/3 为标准，上海城市建设用地规模极限已经被突破。20 世纪 90 年代，上海每年新增 10 万亩建设用地，但是随着土地资源的日益短缺，上海每年新增建设用地已经减少到 5 万亩（约 33.33km²）。

同时上海的建设用地土地使用效率低下：①比例失调[①]，工业仓储用地占全市建设用地 38.5%，而公共设施和绿化用地只分别占 8.6% 和 8%；②中心城区人均建设用地过低，人均建设用地 56m²，远低于全国 75m² 的标准；③土地利用的产出率低下，平均每平方公里产出在 10 亿元以内，仅是东京（2007 年）的 1/8，纽约（2007 年）的 1/12。

3. 其他承载问题

交通承载问题：中心城区功能高度密集，城市人口向近郊区、外围疏解，交通分布呈向心特点，造成"客流不均衡"；道路系统中存在大量瓶颈路段、路口。

生态环境问题：大气污染突出，工业二氧化硫呈现显著上升趋势；城市生活污水处理水平不高；环境卫生压力较大。

水资源短缺问题：原水水量存在缺口，水质亟待改善；水厂布局有待于进一步调整；管网布局及运行调度须进一步优化。

科技创新问题：资金投入型的粗放型增长现象在上海还比较突出，企业创新动力不足，创新尚未成为上海推动经济增长的主导力量。

限于篇幅，不再一一展开阐述。

4.4.2 城市承载力综合评价

通过对上海宏观城市承载力及其发展情况的评价，诊断上海发展中的重要制约要素及其根源，继而从短板突破、资源整合等方面提出政策建议，以期促进上海城市健康可持续发展。

1. 城市承载力数值总体呈扩大趋势

从上海市自身发展的角度分析，2000~2009 年上海城市承载力数值总体呈现扩大态势，

[①] 资料来源：张浩. 新型城市化是上海城市发展转型的必由之路[J]. 科学发展，2010（8）：103-106.

综合承载力数值由 2000 年的 0.4425 增长到 2009 年 0.7576，年均增长 7.12%（表 4-8）。同时与长三角各城市承载力均值偏离增大（图 4-6），2000 年偏离值为 0.3396，扩大到 2009 年的 0.5001。

这说明经过这 10 年的建设发展，上海整体的城市容量仍在持续扩大，而且这种容量扩张的速度快于长三角城市的平均扩张速度，显示上海的区域资源获取能力以及内部城市建设能力强于长三角其他城市。

2. 城市承载力发展超载严重，形势严峻

基于前文 4.3.3 节的分析，2008 年存在承载极限 K 值的变化拐点，且 K_n=0.2391，上海市从 2000 年（$P(t)$=0.4425）始即已超标，一直持续到本周期结束的 2008 年（$P(t)$=0.6958），见表 4-8。这说明从 2000 年开始的承载极限变化周期中，城市一直处于土地、水、交通等资源或设施的供给远远无法满足需求的状态。这与上海土地短缺、交通拥挤、生态环境恶化等城市问题出现及持续的时间是吻合的。

上海市 2000 ~ 2009 年城市综合承载力变化情况　　　　　表 4-8

年份	土地资源承载力	水资源承载力	交通承载力	环境承载力	科技承载力	综合承载力
2000	0.1060	0.0708	0.1638	0.0667	0.0352	0.4425
2001	0.1092	0.0813	0.2121	0.0738	0.0370	0.5134
2002	0.1133	0.0754	0.2251	0.0966	0.0376	0.5481
2003	0.1201	0.0770	0.2414	0.1189	0.0610	0.6184
2004	0.1463	0.0952	0.2398	0.1184	0.0512	0.6509
2005	0.1610	0.0876	0.2426	0.1344	0.0603	0.6858
2006	0.1741	0.0962	0.2411	0.1423	0.0708	0.7245
2007	0.1891	0.1087	0.1544	0.1477	0.0910	0.6908
2008	0.1991	0.1017	0.1550	0.1452	0.0975	0.6985
2009	0.2083	0.0997	0.1587	0.1647	0.1262	0.7576

注：表中，各要素系统承载力的得分值为加权后的各要素系统承载力得分值，综合承载力得分值为加权后各要素系统承载力分值的总和。城市综合承载力分值最高为 1。分值大小的变化，反映了承载力变化情况。

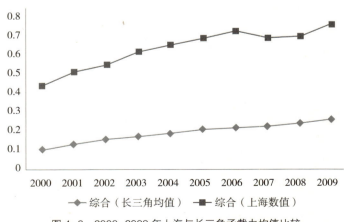

图 4-6　2000~2009 年上海与长三角承载力均值比较

承载极限 K 从 2000 年的 0.2034 扩大到 2008 年的 0.4594。这说明在总体城市容量或者承载能力扩大的同时，城市所吸引的人流、物流、资金流同比扩大，而且增长幅度大于城市的承载量，承载超载的情况进一步恶化。

2009 年后步入下一个 K_{t2} 的限制，由于 K_{t2} 的值无法确定，因此无法判断 2008 年后上海城市的承载状况。

3. 各要素系统承载力发展水平存在差异

从上海各要素系统承载力及其发展情况来看（表 4-8、图 4-7、图 4-8），无论是数值还是比例，均存在以下几个阶段：

2001 年前：以交通和土地承载力对总体承载的影响最大，水资源和环境承载影响相差无几，科技承载力是短板。这说明 1990 年开始的经济起飞阶段，主要受城市扩张的土地资源影响，以及内部滞后的交通设施建设影响。经济社会发展以资源能源消耗的要素扩张为主，科技贡献薄弱。

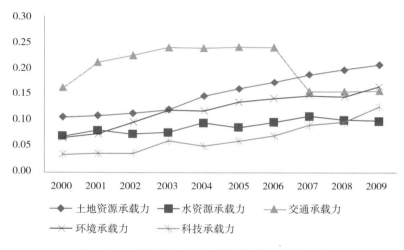

图 4-7　上海市 2000~2009 年要素承载力数值变化图

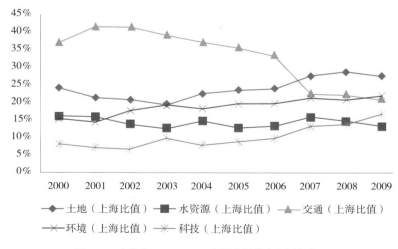

图 4-8　上海市 2000~2009 年要素承载力比例变化图

2001~2003年：这一阶段显著特点是环境承载力对总体承载的影响力迅速上升，几乎达到和土地承载力一样的影响能力。这说明从20世纪80年代经济转型开始的经济飞速发展，环境问题已经积累到一个非常严重的程度，已经开始引起重视。

2003~2007年：这一阶段的显著特点是交通承载力的影响力在持续一段时间的稳定影响后，2007年开始弱化；土地、环境、科技承载力影响稳步上升；水资源承载力影响平稳波动。这说明经过一段时间轨道交通的发展，城市交通状况已有质的改善。土地、环境、科技承载状况依旧未有显著改观，受发展的影响，这些因素的约束进一步强化。

2007年以后，科技承载力影响力显著上升，已经取代水资源，成为排名第四的影响因素。环境承载力影响力上升，超越交通承载，成为排名第二的影响因素。土地承载力成为最主要影响因素，且影响力持续上升，交通承载力基本不变，而水资源承载力略有下降，且已经成为承载的短板。这说明上海社会经济发展已经告别高投入、高资源消耗的发展模式，已经开始了"创新驱动、转型发展"的发展战略。

4.4.3 重要影响因素——土地承载力评价

1. 土地承载力发展平稳

2000~2009年，上海市土地承载力发展总体态势平稳，在2003年后有变化增大的趋势（图4-9）。土地承载力平稳增长，由2000年的0.1006增长到2009年的0.2083。2000~2003年的年均增长率为3.33%；2003~2009年的年均增长率为10.49%。对长三角城市土地承载力变化均值的偏离，从2000年的0.0850增大到2009年的0.1481。

说明，上海土地承载力发展水平基本与长三角周边地区保持同步增长，2003年后增长率较快，显示土地的利用效率得到提高。同时土地承载力与周边城市有进一步扩大的趋势，显示上海远大于周边城市的用地总量以及土地利用效率。

2. 上海土地承载力各要素指标发展水平不同

对比上海土地承载力4个要素指标2000~2009年的变化情况（表4-9），本研究可以看出建成区面积变动较小，2000~2009年10年间，仅仅增加了336km^2，增长率为61.09%。耕地面积减少了29.27%。地均GDP由每平方公里7177.34万元增长到每平方公里23732.57

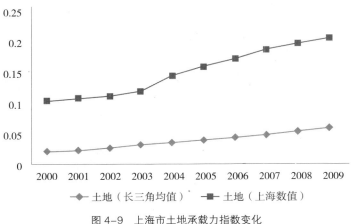

图4-9 上海市土地承载力指数变化

万元，增长了230.64%。非农业人口比重由74.62%，上升到88.25%，增长了18.27%。由此可见，上海土地承载力的增长主要是靠地均GDP和建成区面积增长实现的。

上海市土地承载力要素变化情况　　　　　　　　　　　　　　　表4-9

年份	建成区面积（km²）	年末耕地总面积（khm²）	地均GDP（万元/km²）	非农业人口比重（%）
2000	550	286	7177.34	74.62
2001	550	281	7807.66	75.28
2002	550	270	8529.82	76.36
2003	550	257	9857.77	77.61
2004	781	246	11749.36	81.16
2005	820	237	13990.80	84.46
2006	860	237	16348.16	85.76
2007	886	206	19225.32	86.81
2008	886	205	21605.91	87.46
2009	886	202.3	23732.57	88.25

3. 土地承载力增长潜力巨大

上海市地均GDP虽然增长迅速，但是与国际主要经济城市相比（图4-10），仍然存在很大差距。与东京（2007年）相比，上海仅为其1/8，与纽约（2007年）相比，上海仅为其1/12。说明上海地均GDP的潜力极为巨大。

根据本研究前文土地承载力的计算公式，地均GDP提升一个百分点，将带动土地承载力指数0.31个百分点的上升，建成区面积提升一个百分点，将带动土地承载力指数0.04个百分点的上升。由此可见，上海土地承载力有很大的增长潜力。

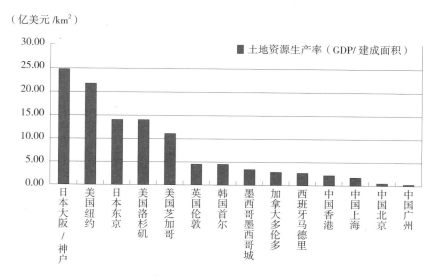

图4-10　若干世界城市土地资源生产率比较（2007年）
来源：臧漫丹等.城市土地资源生产率提高的实现路径及上海实证[J].同济大学学报，2010（4）

4.4.4 重要影响因素——环境承载力评价

1. 环境承载力在波动中快速发展

上海环境承载力一直对综合承载力具有较大影响,其所占比重长期稳定在20%左右。2000~2009年这10年,上海环境承载力在波动中快速发展,从0.0667(2000年)增大到0.1667(2009年),年变化率达14.99%。2004年、2008年分别为该时期的波谷(图4-11)。

这说明环境承载力一直对整体超载的贡献较大。当环境恶化引起重视,治理的结果使超载的环境承载力小幅回归,但发展的巨大驱动力以及由此导致的环境后果又迅速导致环境承载的恶化,由此开始下一轮的治理,周而复始。但总体趋势是数值在增大,由于整体城市处于超载状态下,增大的环境承载力只能说明环境问题在进一步恶化。

2. 与长三角城市群整体发展趋势略有不同

上海城市环境承载力虽然与长三角整体环境承载力数值都处于增长扩大中,但其与长三角整体发展趋势有所不同(图4-11)。长三角整体在研究初期(2000年)值几乎为零,而上海已存在较大值(0.667);长三角整体未存在2004年的第一个波谷;2008年第二个波谷后,长三角整体的环境承载力数值在减少;与长三角城市均值偏移量,从2000年的0.0662,拉大到2009年的0.1264。

这说明:①上海的环境承载问题先于长三角其他城市而出现;②上海已经经历2次影响较大生态环境的治理,而长三角城市仅进行1次,波谷出现时间与国家推出节能减排的时间重合;③偏移量增大显示上海与长三角其他城市的环境承载力差距在进一步拉大,整体超载的情况下,上海的环境问题在恶化,而其他城市由于2009年仅小幅回升,可能是改善的。

3. 环境承载力各要素分析

上海市2000~2009年全年用电量、园林绿地面积、建成区绿化覆盖率、居民人均生活用地量都得到了很大提高(表4-10)。尤其是园林绿地面积,由原来的10886hm² 上升到

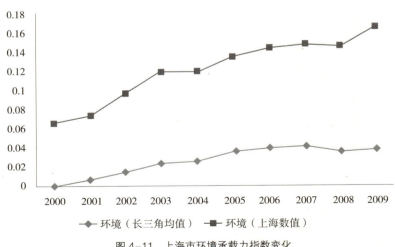

图4-11 上海市环境承载力指数变化

116929hm², 几乎增长了 10 倍。工业废水达标排放率小幅上升，说明废水处理效率得到了提高，减小了对环境容量的占用。二氧化硫排放量增长在 2005 年达到顶峰，之后快速下降，给环境承载力造成了很大的压力。

环境承载力各要素发展情况　　　　　　　　　　　表 4-10

年份	工业二氧化硫排放量（t）	工业废水达标排放率（%）	园林绿地面积（hm²）	建成区绿化覆盖率（%）	全年用电量（万 kWh）	居民人均生活用电量（kWh）
2000	326869.20	93.20	10886	20.90	5590000	468.20
2001	299923.40	95.40	14771	25.80	5929900	475.07
2002	324920.00	95.00	18758	36.59	6457100	486.92
2003	300734.00	94.94	24426	47.26	7459700	648.00
2004	349461.00	96.27	26543	36.03	8214440	703.00
2005	375231.00	97.05	28865	37.00	9219700	846.42
2006	374327.00	97.54	30609	37.55	9901500	943.00
2007	364416.00	97.73	31795	37.58	10723800	1001.57
2008	298000.00	93.75	34256	40.62	11382200	1053.53
2009	239348.00	98.77	116929	42.95	11533784	1088.88

4.4.5　发展短板——科技承载力评价

1. 发展速度很快，但影响力仍很弱

从前文 4.3.2 节的分析可得，科技承载力无论从数值还是比例，都是五大承载要素中对总体影响最弱的，成为承载力扩大的事实短板（2009 年始，水资源承载力开始成为短板）。

从 2000~2009 年近 10 年的发展情况分析（图 4-12），科技承载力一直在稳步扩大，数值从 2000 年的 0.0352 增大到 2009 年的 0.1262，占总承载力的比值从 2000 年的 7.96% 到 2009 年的 16.66%。

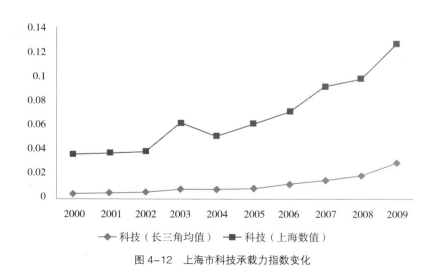

图 4-12　上海市科技承载力指数变化

从2004年开始增长率进一步提升（2002年前，年均增长3.32%，2004年后，年均增长24.45%），该变化率为五大要素承载中最快的。

相对于长三角其他城市，上海科技承载力起步较早（2000年，上海为0.0352，同期长三角平均为0.0050），而且增长扩大的速度远大于长三角平均（上海年平均增长0.0091，长三角0.0024）。

上述情况说明：在信息技术主导的产业革命处在由创新阶段进入成本竞争和向新兴国家进行产业扩散阶段时，上海已先于长三角其他城市抓住未来科技创新机遇，并以打造创新城市为目标，激发城市内部个体和机构的创新活力，促进了自身科技承载能力迅速扩大，但是由于长期以要素扩大的方式发展，忽略科技创新对经济的驱动能力，因此影响能力一直是最弱的。

2. 科技承载力发展潜力巨大

从表4-11中，可以发现，与日韩、新加坡、美国、德国的比较中，上海所有的指标均为最低，除了人均申请量高于德国外，其余差距在3倍以上。上述仅是日韩美等国的国家平均，如与其中的主要经济城市东京、首尔、纽约、柏林等比较，其差距将更加明显。

原因是资金投入型的粗放型增长现象在上海还比较突出，企业创新动力不足，创新尚未成为上海推动经济增长的主导力量。当然，上海产业基础完备，科技力量雄厚，企业技术和管理水平较高，在自主创新方面具有较好的条件，科技承载发展的潜力十分巨大。

2007年上海科技承载力各要素指标国际比较　　　　表4-11

	科技人员数（人/百万）	人均申请量（件/人）	专利经济贡献（美元/件）
日本	5573	31.4	1091.2
韩国	4627	34.7	625.7
新加坡	6087	21.6	1776.7
美国	4584	15.2	3071.5
德国	3452	7.4	5448.9
上海	1363	13.4	215.9

来源：《国际统计年鉴2011》，美国科技人员数为2005数据；人均申请量=专利申请量/人口；专利经济贡献=GDP/专利申请量；GDP已统一换算成美元

4.4.6 其他要素承载力评价

1. 交通承载力评价

上海交通承载力在2006年以前一直为综合承载力最重要的影响因素，2006后数值开始显著下降，最终被土地承载力（2007年），环境承载力（2009）超越，现已成为要素承载力中影响力偏中流的一个因素（图4-13）。而比例则一直在下降，从初期的41.32%下降到研究期末的20.95%，可见其重要性一直在降低（图4-8）。

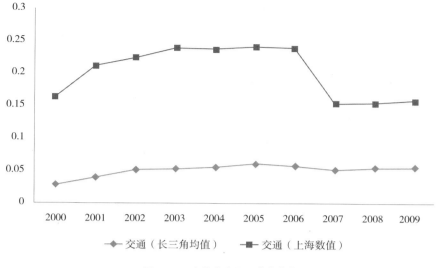

图 4-13 上海市交通承载力变化

相对于长三角其他城市，上海交通承载力研究初期相对较大（上海 0.1638，长三角 0.0294），变化较为剧烈，长三角的交通承载均值维持一种微弱增长的态势，而上海经过 2006 年后剧烈波动，整体呈微弱下降的趋势，2007 年趋势与长三角相同，都是微弱增长。

以上特征说明：上海交通承载问题先于长三角其他城市出现，但是由于上海执行公交优先，大力发展轨道交通的战略，显著地提高了交通便捷性，减少了拥堵。由于其整体呈现超载，因此数值减小的交通承载力，说明承载状态得到了显著改善，因此重要性一直在下降。2007 年 4 号线正式全线贯通，至此申城轨道交通终成网络，带来了运力的大幅提升，之后的 6 号、8 号、10 号等线路的建设进一步促进了承载状况的改善。这与 2007 年后上海交通承载变化趋势一致。而同时长三角城市受困于规模和经济性，未开始轨道交通的建设，导致交通承载力呈微弱的恶化趋势。

2. 水资源承载力评价

2000~2009 年，上海水资源承载力数值整体呈现一种波动缓慢上升的趋势。相对于其他要素承载力发展较为缓慢，2000 年为 0.7076，2009 年为 0.0997，增加值仅为 0.029，而同期土地承载力增加值为 0.1023，环境承载变动为 0.0928，科技承载变动为 0.091（图 4-14）。比例呈现一种波动缓慢下降的趋势（2000 年 15.99%，2009 年 13.16%）（见图 4-8）。

同时，水资源承载力是与长三角均值偏离最小的要素。总体发展趋势也与长三角均值类似，即为一种缓慢的增长态势。

以上变化特征说明：在相同的技术条件下，处于相同丰水区域的城市水资源承载力变化趋势相同，主要的差别是由满足不同城市人口规模的供水总量指标不同而引起。缓慢增长是由供水总量的增加和人均用水量的下降造成。波动的存在是由于供水总量与家庭用水量指标因为技术因素、管网状态以及节水措施的推广存在年际波动。较小的变化趋势说明水资源供应受资源总量和转化设施的影响较大，需要长期的建设，短期内提高余地较小。

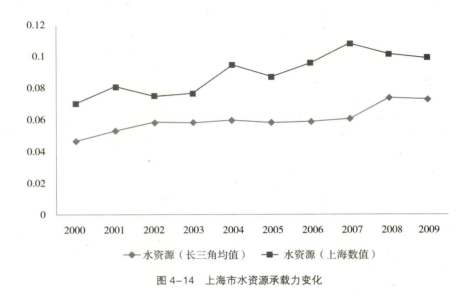

图4-14　上海市水资源承载力变化

第 5 章

城市内部空间层面承载能力分析

城市的快速发展引起了城市构成要素间的对立与冲突，城市发展的协调性面临着巨大的冲击，城市空间结构、城市环境质量、城市景观面貌、城市运行效率。城市管理模式都出现了或多或少的，甚至是前所未有的矛盾。单中心城市结构向心力的主导作用下，大城市人口急增，城市各种功能混杂，且人口高密度聚集导致容量超负荷，交通紧张，各种城市病日益显现。

城市内部空间层面的分析主要从城市系统微观发展角度，分析各分系统的综合承载能力，以期找出对城市总体发展影响较大的分系统，或者较大影响因素空间分布的异常区域。

定位城市内部空间的 UCC 分析将有助于城市基础设施等构成要素在空间层面表征和合理配置。区域层面的 UCC 分析侧重于城市发展的自然、经济及社会等外部条件分析，而内部空间的 UCC 分析侧重城市内部空间对人及其活动的承载平衡分析，两者具有显著区别。

前文从整体角度初步分析了城市承载力的作用机制，给出了承载的递阶模型，对城市内部空间作出清晰的界定，并从城市内部空间层面详细分析承载力的承载、约束及调控等机制。本章进一步的分析包括影响因素的筛选和评价方法的构建，并以杨浦区为案例进行实证研究。

由于数据准备情况非常差，数据获取技术要求高，城市内部空间的 UCC 分析也是研究最困难的部分。本部分的研究带有强烈的探索性，以期为未来的深入研究提供一个初步的思路和相对完整的评价过程。

5.1　影响因子分析

对内部空间承载能力的研究可在城市层面、街道层面和社区层面展开。城市层面的研究与本书第 4 章区域层面的研究存在一定的重叠，同时需要下一层面的研究支撑以体现空间的差异。研究的主要内容产业结构、主干网通行能力、就业平衡、住房保障、城市形态、市级中心服务能力（包括行政、商贸、文化等功能）等影响因子更适合作为一个专题加以研究，且定性分析的成分较多。而社区层面的研究相对比较简单，但由于城市的社区动辄以千个计数，数据量太多且收集困难，后续建模分析工作量较重。街道层面（居住区）作为组成内部空间承载层级中承上启下的重要环节，概念界定严谨，分析逻辑清晰，且可反映该层次的城市内部空间承载的强弱和空间的分布，数据量及后续处理工作量适中。因此，综合考虑研究的意义，数据收集处理的难易程度，本书选择尺度适中的街道层面进行研究，并为未来完整尺度的内部空间承载研究作理论及方法上的铺垫。

街道层面的承载能力研究需考察现状能力及随时间变化的发展潜力。现状能力的影响因子主要分为压力类因子和承载类因子，压力类影响因子主要包括人口状况、居住区级的工作生活休闲等需求（就业、住房需求更适合放在城市层面分析）及土地利用情况；承载类影响因子主要包括街道辖区内的道路交通、公共服务设施、市政公用设施、空间环境。现状能力偏重对物质因素影响的分析，对经济社会的影响仅作初步分析。其发展潜力的主要影响因子包括：劳动地域分工、产业结构、财政及转移支付能力等经济因素的影响，人口增长、家庭结构变化、老龄化等人口因素，单中心或多中心等原有城市结构形态的影响。

发展潜力由于涉及时序数据，需要一定的积累，本书暂不分析。下文主要集中于对承载现状的承压类影响因子的分析研究。

5.1.1 人口状况

讨论承载力的任何问题都必须考虑人口这一极为重要的前提。人口状况作为承载能力分析最核心的影响因子，主要通过人口数量、人口分布、人口结构和人口素质等4个部分产生影响。

人口数量主要考虑常住人口的数量，反映了对承载资源一个总量的需求。常住人口的定义为户籍人口以及居住满半年的流动人口。暂不考虑居住不满半年的流动人口及游客。

人口分布状况间接反映出需求和活动在空间上分布，是静态空间分析一个重要的指标；

人口结构分为年龄结构和家庭结构。生产年龄人口比例上升意味着社会抚养系数低，但会促使就业压力增大，劳动力过剩等问题，老年人口比例上升出现老龄化，居住区需要配置相对应的养老设施。家庭结构的小型化趋势则可适当地减小户均指标，以提供相适应的居住生活空间。

人口素质一般认为应该包括人口身体素质和文化素质。身体素质中一个重要指标是残疾人比例，文化素质主要通过文盲半文盲率、青少年文盲率等指标考量。

由上述分析可得，人口状况将显著地影响城市居民的需求。城市居民有工作、生活、发展和休闲娱乐的需求。[①]人的需求因不同人不同城市而不同，但在特定时期存在一个上下浮动的空间，即前文所定义的市民承受力，下限即为正常人的需求极限。人口总量和分布决定了该需求极限的总量和空间部分情况。而残疾人、下岗职工、文盲及农民工等弱势群体因自身素质无法充分享有这一需求极限，因此从客观上造成了需求减少，城市承载压力非自然减小的状况。人口结构的变动将使就业、养老、住房等需求发生变化，影响承载力的未来发展潜力。

5.1.2 经济社会因素

街道层面的承载能力所受的经济因素影响包括综合经济实力、产业结构、职能定位。其决定着街道自身的建设能力、维护能力、保障能力以及未来的发展能力。同时经济因素也决定了就业岗位提供的能力。

综合经济实力包括经济总量和纳税能力。分行业的经济总量可间接反映就业岗位提供的能力。纳税能力决定了街道的财政税收能力。街道的税收通过转移支付，主要用于街道所属道路桥梁、市政、公共服务、安保、环卫、公园绿地等设施正常运行与必要的维修及升级换代；弱势群体的社会保障；街道社区服务中心等管理服务设施建设，老旧区域的改造和新区域的建设。单位面积的经济总量称为经济活动强度，是一个分析经济实力的重要指标。

产业结构通常指一、二、三产的比重，以及分行业的企业比例。其反映一个街道经济

---

① 仅讨论人口的直接需求，宏观经济稳定、市场秩序和社会秩序等公民活动的间接需求不在本书讨论之列。

的健康程度。结合产业的发展趋势及若干年的比例变动，可预测综合经济实力的发展态势，是一个影响承载能力发展潜力的指标。街道以都市型产业为主的结构，因此第三产业比重是一个重要的衡量指标。

职能定位通常指街道所负担的城市功能，以及该功能在城市所有街道排序中的大致位置。通常街道以居住功能为主，辅以不同的商业、行政、办公功能；近期还出现的创意园区等生产性服务业的新功能。不同的职能定位通常对应着不同的土地利用强度，其建筑总量和导入人口也不同。如高尚别墅区的定位通常对应较低的开发强度，大型的安置房居住区则对应相对较高的开发强度。它是一个间接影响承载压力大小的指标。

社会因素是指社会上各种事物，包括社会制度、社会群体、社会交往、道德规范、国家法律、社会舆论、风俗习惯等等。它们的存在和作用影响着人们态度的形成和改变，对承载能力的影响较为间接和模糊。道德规范和风俗习惯等影响着市民承受力，管理制度高效公正与否，影响着居民需求的实现，承载基础的管理与维护，社会财富的节约等方面，但总体上影响相对较弱。

因此，研究经济社会因素对承载能力的影响，可着眼于经济实力、职能定位与土地使用强度的关系，进而利用土地使用强度与建筑总量、容纳人口的关系，实现该因素与承载人口的直接联系，进而分析对承载能力的影响。对于综合经济实力较强、定位准确、发展态势较好的新街区，相对具有较强的人口承载能力。而综合经济实力相对较弱，没有明显发展机遇的旧街区，其人口承载能力则相对较弱。

5.1.3 土地利用情况

街道的土地利用情况主要包括：用地结构与布局、使用强度等因素，反映街道布局的基本形态和内部功能区的地域差异，是在人口和经济社会因素长期作用下所产生的。其与人口密度存在高度相关性，与经济活动存在一定相关性。

用地结构是指各类性质用地的比例。街道的用地性质主要包括居住（R）、公共设施（C）、道路广场用地（S）、市政公用设施（U）、绿地（G）4大类建设用地，对外交通设施（T）主要承担城市的对外交通联系，通常为城市的快速道与主干道，是属于城市层面承载能力的影响因子；工业用地（主要为M）和仓储用地（W）少量存在，主要为污染较小的M1类及其配套的少量仓储用地。街道不同的职能定位决定着不同的用地结构。用地结构是否合理，关系到合理发展、人口容量、环境保护和节约用地等重大问题。例如居住用地比例偏小往往代表供给不足，容易导致住房紧张，地价房价高企；比例偏大则容易导致房地产空置率偏高。公共设施（C）、市政公用设施（U）、绿地（G）3大类用地的各小类用地相关规范均规定了相应的人均及千人指标，由于该类指标的客观性，可视为承载的绝对阈值，低于阈值则说明相关设施已出现过载的情况。如居住区的教育设施控制要求建筑面积 600~1200m^2/千人，用地面积 1000~2400m^2/千人，绿地面积不低于 1.5m^2/人。①

---

① 资料来源：《城市居住区规划设计规范》（GB 50180—93）（2002版）。

就用地性质分析，工业用地和空地（在建设用地）对城市承载力影响较大。

工业用地意味着较多的环境污染，较复杂的交通组织，由此导致的对日常生活的干扰使所在区域承载人口的能力下降。虽然从就业均衡的角度考虑，居住区周边需要配套一定比例的工业以提供适当的就业，避免上下班长距离钟摆人流的出现，但都以少污染的都市型工业为主。杨浦作为一个老工业区，区内工业主要以高能耗、高污染、低劳动生产率的制造、加工型企业为主，其对日常生活的干扰非常严重。主要分布区域为军工路以东，周家嘴路以南（老租界工业区），是杨浦公认的居住适宜性较差的区域。

城市空地有别于城市规划的用地性质，是承载力分析中特有的一类用地，指遥感图像上规划建设而未有成熟建筑物的地块。在旧城区主要以在建设用地为主（如平凉、大桥、定海等街道），在新城区包括在建设用地和空地（如新江湾城）。城市空地意味着本该由地上建筑物提供的功能缺失，影响当地配套的完整性。同时在建设用地带来的噪声、尘土等污染、施工车辆扰乱道路交通、闲杂人员对当地社区的安全隐患等也导致城市空地周边区域居住适宜性变差。当然作为城市活力的体现，需要一定比例的城市空地进行更新和发展，以提供适应时代潮流的城市功能。

因此工业用地、城市空地的比例阈值可以作为影响城市承载能力的指标，通过管理手段加以控制。

使用强度反映用地的效率，主要包括容积率（FAR）、高度控制、建筑密度控制等指标。通过对人均建筑与用地面积等指标的控制，其直接决定了不同的建筑高度与密度构成的环境空间所对应的建筑和人口容量。它包括绝对限定条件地区和规划设定条件地区两方面的内容。有绝对限定条件的地区，如机场净空管制的地区，有城市空间形态限定的地区，自然山体等轴线、视线、视廊控制的地区，各层面城市设计所确定必须进行空间形态控制的地区。上述这些地区的空间环境容量受到了制约，这种使用强度的限制就是绝对意义的土地承载力。大部分的地区为规划设定条件的地区，在当前的发展状况下，仅依据规划设定的条件及相应的人均控制指标，推算该地区的承载能力，并与现状人口比较以确定是否超载，规划设定的条件随时间及发展状况需进行修正。

由此可见，土地利用情况是承载能力分析中一个非常重要的因素，其不仅提供了一系列绝对意义的阈值便于进行承载能力直观的评价，同时使用强度提供了容积率等指标，便于沟通人口等压力类指标与交通市政等支撑类指标的联系，使不同分系统间的综合评价成为可能。

5.1.4 综合交通系统

交通系统通过综合交通能力支撑人口的交通需求。其对综合承载的影响即为在既定的交通设施供给之下，人口可达到的密度或者土地利用可达到的强度。综合交通能力主要受交通设施情况、出行特征以及交通管理情况的影响。

交通设施情况：交通设施显然是交通供给能力的最主要因素，这些交通设施包括道路、常规公交、轨道交通、停车设施等。

出行特征：主要包括交通方式结构、出行时间及空间分布。

交通管理情况：有效的交通管理使交通设施的运行效率更高，但通常情况下，仅作定性分析。

街道层面的城市综合交通系统主要包括公共交通（公共汽车以及轨道交通）、小汽车、自行车、步行及相对应的道路系统，不包括城市快速道、主干道、铁路、机场、港口等城市层面的交通设施。目前城市主要的交通承载失衡是交通拥堵、停车困难以及居民的出行便利性（出行时间，最后一公里衔接）等问题。最后一公里衔接主要涉及社区居民的出行，因此更适合作为社区层面交通承载的影响因素分析，目前主要通过公共租赁自行车、小区穿梭巴士等方式解决。停车困难适宜在小区层面进行分析，主要通过车位配建系数评价，同时需要分析全市层面可能的机动车停车需求、泊位需求与实际供给量间的匹配关系，进行停车场（位）统一的调配。

街道层面主要需提供通畅的内部交通以及出行的便捷。因此主要分析道路交通系统的通行能力及轨道交通系统对居民出行的满足度。

道路交通系统通行能力：通常情况下，道路交通系统的通行能力主要是分析样本区交通设施对于机动车出行的支撑情况，本书采用鹿勤（2007）等探索的一种快速简化计算方法，具体的计算方法参看相关文献，本书不在此赘述。

需要说明的是：该方法是基于北京出行率调查的数据结果，将多项交通分析参数进行合并，使得通过简单的基础数据输入即可得到初步分析结果。由于北京与本书分析样本上海的交通情况存在差异，本书是在无法获得相关数据情况下，为实现分析的完整性而采用，此方法还需要在实践中进一步修正和完善。

轨道交通系统服务水平：城市轨道交通系统能够满足大运量、长距离的快速客运要求，是城市综合交通系统的核心，起到客流组织的骨干作用。可解决城市面积拓展与空间合理开发运用的客运通道问题，同时具有节省资源、轻度污染的特性。2000~2010年，轨道交通日均客运量从60万乘次增长到500万乘次，同时每年以超常规建设40~50km的速度快速增长。可见，轨道交通对于缓解城市交通起到很大作用。由于存在客流的不均衡性以及服务的单一性等问题，因此在不同区段轨道交通的服务水平存在差异，并在某些区段表现为拥挤。因此需要进行评估。

最佳的评估方法：利用已知的设计运能（总运能与高峰小时运能，通常考察8：00am~9：00am时段运送能力）、已知高峰小时客运量，评估各个站点的现状服务水平。利用相关算法确定各个站点影响范围，将服务水平落实到空间分析单元，以便最后的综合分析。亦可进行极限服务人口的计算，通过150%极限拥挤水平设定，根据站点区域出行率，得出服务人口。极限服务人口主要用于服务能力预警。

由于无法获取2009年实测的各站点高峰小时客运量，本研究利用相关线路的轨道交通建设工程可行性报告预测数据与该年实测拥挤率，间接计算各站点高峰小时客运量，并以此数据评估站点所在街道的轨道交通服务水平。

5.1.5 公共服务设施系统

公共服务设施是指为市民提供公共服务产品的各种公共性、服务性设施，按照具体的项目特点可分为教育、医疗卫生、文化娱乐、体育、社会福利与保障、行政管理与社区服务、邮政电信和商业金融服务等。

在当前市场经济体制下，由于"谁建设，谁配套"的简单提供方式造成了服务设施建设和提供中的种种问题。公共服务设施按其经济属性可分为赢利性和公益性两种。赢利性设施，如菜市场等商业服务设施、居民停车场库等，由于存在经济利益，开发商往往热衷于建设，因此配套相对完善。公益性设施，如教育、医疗卫生等，由于缺乏赢利能力，市场对建设往往缺乏热情，政府受财力和管理能力的限制，在提供服务设施和对市场的管理中存在低效的情况，因此造成了公益性设施与满足区内人口需求之间的矛盾。

街道层面的公共设施承载合适与否，主要考察是否层次分明，服务半径适中，布局合理，规模是否适合居民需求。由于赢利性的设施配套相对完善，不需再进行研究，本书主要研究公益性设施的承载是否合适。

街道层面的公益性设施主要包括：

（1）教育设施——包括托儿所、幼儿园、小学、中学等。主要考察中学的规模、服务半径是否适合，小学、幼托适合在社区层面考察。

（2）医疗卫生设施——包括医院、诊所、卫生站等。城市层面是综合医院及专科医院，街道层面是社区医疗服务中心，社区层面是社区医疗服务站。主要考察医疗服务网络布置及容量是否合理。主要考察指标：千人床位数、千人建筑面积、千人用地面积。

（3）文化体育设施：街道层面文化设施包括文化活动中心、图书馆、影剧院、青少年活动中心、老年人活动中心及小型文化广场等设施。体育设施包括综合运动场、游泳馆等街道及体育中心。主要考察指标：万人拥有设施种类及占地面积。

（4）社会民政福利设施：街道层面主要包括儿童福利院、残疾人福利设施，敬老院等，殡葬设施用地、收容遣送站等设施适宜在城市层面考虑。主要考察指标：万人拥有设施种类及占地面积。

具体研究方法：

（1）调查确定各街道居住人口及年龄结构；

（2）了解现状公共设施建设情况，包括是否缺项？是否满足服务距离要求？设施规模是否满足规范要求？

（3）分析现状公共设施的服务能力，依照国家现有规范和样本区相关条例、规定或要求选择绝对阈值确定评价指标，计算以现状人口为基数的对应控制指标值，以评判具体设施的承载情况。同时超越部分可作为预警性的数量，按人均计算判断未来可进一步安置的人口。

5.1.6　市政公用设施系统

市政公用设施系统主要包括：给（供）水、排水（雨水、污水）、电力、燃气（煤气、天然气、石油液化气）、供热、邮电信息等分系统。同时还包括消防、抗洪排涝、人防等防灾减灾设施，公共厕所、垃圾集运及堆放、处理等环境卫生设施。排水设施包括雨水管道、泵站、污水管道、污水处理厂。

由于市政设施具有较强的赢利性和生活必需性，系统建设相对容易。相比其他影响因素，承载能力与人口的匹配性是最好的。在水电煤的供应上，城市很少出现短缺。由于经济利益的存在，不管人口如何增加，只要外界有足够的资源能源，城市有足够的购买能力，水、电、煤、电信等相关企业有足够的动力建设相应设施满足增长的人口需要。目前出现较多的问题是偏公益性的设施，如排水设施无法应对极端天气而出现局部城区的内涝，消防邮电环卫设施的合理配置等，新近出现赢利模式不明的设施，如污水的收集处理能力相对较弱。

为应对地震、海啸、台风等极端灾害，设置了相应的防灾减灾设施，但是虽然破坏力巨大，因发生频率较少，不适合进行日常的承载能力讨论。

市政设施对承载能力的影响体现在市政设施服务能力，即不同市政设施可能服务的建筑容量和人口容量。因此，根据前文的分析，对于成熟系统，如水电煤电信等，不管是老城区还是新城区更多地适合从预警的角度分析研究承载能力的提升空间，即现有的设施及可能的扩展用地还能服务多少人口；对于非成熟系统，尤其是偏公益性属性，相对适合进行现状承载能力的分析，即目前的设施服务能力与现状人口需求的缺口。

街道层面市政设施承载力计算：依据服务于街道辖区的城市基础设施的设计规模和能够提供本片区的各类设施的供应量，根据现状人口推算出人均供应量，依照国家现有规范规定服务半径推算覆盖面积，与评价指标规范要求绝对阈值进行比较，以评价市政设施的承载状况。

5.1.7 空间环境

承载力的研究中，存在生态环境承载力研究的分支，主要探讨环境对污染物的容纳能力，同时也考虑可支持的经济规模与相应的人口数量。城市生态环境由于其土地并不需要进行粮食等作物的生产，因此对于土壤的承载能力较少关注，更多的关注大气环境、水环境的影响。声、光、热环境污染问题由于发生较少，缺乏检测，因此也较少关注。

城市的水环境包括流经城市的河流，内部的湖泊湿地等，虽然过去曾发生黑臭等影响生活的情况，但是经过若干年的治理以及滨水休闲观光的推进，目前仅有零星地段存在水质不达标的情况，大部分城市内部岸段是环境宜人，适合休闲游憩。因此讨论水环境的承载能力目前无意义。

而城市的大气环境目前存在较多问题，适宜进行承载能力的研究。城市的 NO_x、SO_2、$PM_{10}/PM_{2.5}$ 都较郊区高，是城市主要的污染物，主要通过刺激呼吸道对人体健康产生危害，影响居住生活品质。其主要的污染源为，汽车尾气排放、居民燃气、周边工厂排放，部分 PM 颗粒为远距离输送。该部分承载能力的研究可通过相关规定所设立的污染物浓度标准和现状检测浓度进行比较，判断承载能力是否合理，同时通过人均排放标准，计算相应的容纳人口。

由于绿地可以对大气、水中相关的污染物进行降解，因此在缺乏完备的检测数据的情况下，可以通过人均绿地数量间接评价城市空间环境的承载能力。

5.2 评价方法与研究对象

对于城市内部空间的承载力评价可分建成区（旧城区）和新建设区（新城区）两部分进行。建成区偏重对现状的分析，主要考察现有人口与现存主要设施服务能力的匹配度，以及对服务能力提升余地的分析。而新建成区偏重对规划的校核，主要考察规划设定各指标的匹配度，包括导入人口与拟建设服务设施匹配，以及人口波动情况下（主要是增长）服务设施是否已作足够预留。

考虑到研究意义、工作量和行文的篇幅，下文的研究主要针对建成区进行。针对新城区的承载研究，即从承载力研究的角度分析新城控制性详细规划各指标的适配性，作为进一步研究的内容，不在本书展开。

5.2.1 评价技术路线

本书采用单指标评价与多指标综合评价相结合的方法（图 5-1）。具体技术路线如下：

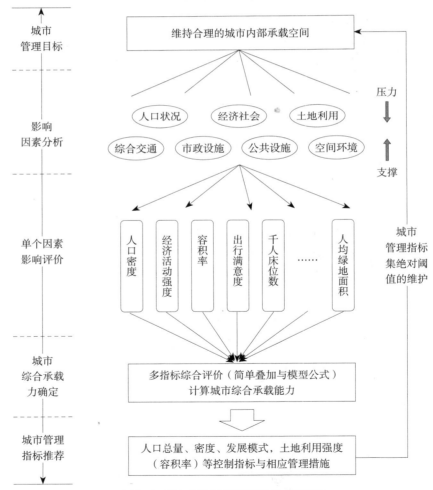

图 5-1 城市内部空间承载评价技术路线图

根据城市的管理目标，在社区层面（对应街道这一行政单位），通过分析 UCC 在城市空间的影响因素，结合承载力的特殊性，分压力和支撑两大类指标，建立影响因素的指标集。结合相关技术规范及规划控制范围，同时参考实际管理中所用指标极值，建立各指标的客观（绝对）评价阈值。部分阈值与实际指标需通过人口分布换算成人均或者地均标准。

评价方法分别对单指标和多指标设立：

对于单个指标，通过实际指标与评价阈值比较实现对 UCC 的评价。评价的标准为一旦超标或者不足即判为承载能力欠缺；

对于多指标，采用短板理论发现影响 UCC 的主要因素；建立指标数值矩阵，指标的量归一化后，采用客观赋权的方法确定各指标的权重，由模型公式计算典型城市内部空间的承载能力。

最后实现对原始数据和计算结果在空间层面直观显示，并给出相应的城市管理指标推荐，包括人口总量、土地利用等控制指标的限度以及对应的管理措施。

5.2.2 评价指标选择

根据前文 5.2 节的分析，对街道层面承载能力具有影响的主要因素包括：人口状况、经济社会因素等 7 大方面。其中人口状况、经济社会因素、土地利用状况表现为压力，而综合交通系统等其他五方面作为支撑系统承载了由人口等因素产生的压力。其主要研究内容和考察的重要指标汇总见表 5-1。人口状况、经济社会因素、土地利用状况由于共同反映人口对经济及土地的作用情况，因此存在较强相关性，后续研究在指标选择上需注意。

相关影响因素分析结果汇总　　　　　　　　　　表 5-1

制约因素	承压关系	重点研究内容	重要指标
人口状况	压力	人口的数量、空间分布、结构及素质	人口密度、弱势群体比例
经济社会因素	压力	综合经济实力、产业结构、职能定位	经济活动强度、失业率、救助资金占比
土地利用情况	压力	用地结构与布局、使用强度	小类用地千人指标、容积率、控高、密度控制
综合交通	支撑	道路交通系统通行能力；轨道交通系统服务水平	承载率 λ、居民满意度
公共服务设施	支撑	教育、医疗卫生、文化娱乐、体育、社会福利与保障	服务覆盖度、占地面积、千人建筑面积、万人拥有设施数量
市政公用设施	支撑	给（供）水、排水（雨污水）、电力、燃气、供热、邮电信息；消防等防灾减灾公厕等环卫设施	总供给能力、人均需求量、空间覆盖度
空间环境	支撑	NO_X、SO_2、$PM_{10}\backslash PM_{2.5}$ 等城市大气污染物	检测浓度

实际的评价过程中筛选具有代表意义、低相关性、数据积累相对完整、空间分析易于进行的指标，具体见表 5-2。绝对阈值即为承载是否超标的标志，对于分析和指导实践具有非常重要的意义。绝对阈值数值和判断标准主要通过相关技术规范规定、行业标准、城市标准及研究共识等建立。绝对阈值在一定时期，针对某个特定的城市是固定的。城市与

城市之间某些指标的绝对阈值可能存在差异，但不影响对综合承载能力的评判。在不同时期，由于受到科技进步等因素的影响，绝对阈值可能存在变动。

杨浦区城市综合承载力评估指标体系及计算权重　　　　表 5-2

目标层	准则层	权重	指标层	权重
压力 P	人口状况	0.075	人口密度空间分布	0.075
	经济因素	0.142	地均利税能力	0.068
			经济活动强度	0.074
	社会因素	0.137	失业比例	0.071
			救助金占税收比	0.066
	土地利用	0.126	城市空地比例	0.063
			人均居住建筑面积	0.063
支撑力 S	综合交通	0.156	道路交通承载能力	0.082
			轨道交通系统承载能力	0.075
	公共服务设施	0.204	高中教育	0.066
			社区医疗服务	0.068
			养老服务	0.069
	市政公用设施	0.075	供水承载	0.000
			污水处理	0.075
	空间环境	0.084	人均绿地	0.084

人口状况采用相对客观的人口密度表征，便于进行空间分析以及相关人均指标的计算。弱势群体比例是一个衡量住房、社会保障等覆盖率的重要指标，但由于目前较少统计，且涵盖范围也存在不同，存在中低收入人群、下岗职工、农民工、残疾人等若干种统计标准，因此不宜作为一个评价指标选用。

土地利用情况采用容积率和千人用地指标表征。容积率沟通了用地面积与建筑面积的比较，是相关研究较多采用的各影响因素评价过程中通过换算进行比较的公共指标。千人用地指标主要涉及到各小类用地的控制，如教育、医疗卫生、文体等千人用地面积和建筑面积的控制，作为一个绝对的限制，方便不同地区的空间比较，并直观地给出承载能力的高低，同时沟通人口与用地及建筑的关系，方便不同系统因素的比较。

公共服务设施涵盖子类较多，相互间也存在一定的相关性，选择对居民需求影响较大的教育、养老和医疗卫生作为主要的评价指标。街道层面的教育承载能力主要考察中学对适龄学生就学的满足度，采用万人座位数指标进行评价。养老承载能力主要考察养老机构对老人养老需求的满足度，采用百位老人床位数指标进行评价。医疗卫生主要考察街道社区卫生服务中心的服务能力，主要评价指标为千人床位数。

市政设施涵盖子类较多，但是其存在明显的经济利益，配套相对完善，因此选择其中的供水能力作为水、电、煤、电信等系统的代表进行研究。同时污水处理是个新兴的设施，目前配套相对不完善，因此也有研究的必要。

由于空间污染物浓度监测数据获取存在困难，同时采样点分布较不规律，因此采用人均绿地供给面积来间接表征空间环境的承载能力。

5.2.3 评价步骤与方法

评价包括三个步骤，如图 5-2 所示。

步骤一：数据准备

（1）确定研究区域，并按街道行政边界所围区域划分空间评价单元。

（2）确定对城市系统承载有影响指标的控制阈值。

设定承载力视角下的健康城市系统是怎么样的，本书选择包括人口状况、经济社会、土地利用、综合交通、公共服务设施、市政服务设施、空间环境 7 大类 15 小类指标。结合相关技术规范及规划控制范围，同时参考实际管理中所用指标极值，建立各指标的客观（绝对）评价阈值。

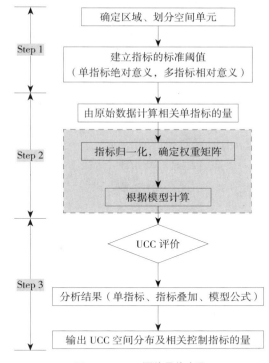

图 5-2 UCC 评价具体步骤

步骤二：数据处理及结果计算

利用收集的原始数据按一定计算方法进行数据处理。具体的处理方法在下文 5.4 节说明，在此不再赘述。图 5-2 虚线阴影部分为利用模型进行多指标评价所需要额外进行的步骤，包括确定权重矩阵，以及将指标按压力类和支撑类进行归一化，并根据公式进行计算。

评价指标体系及利用模型进行多指标评价所需的权重矩阵见表 5-2。

步骤三：结果分析及指标控制标准建议

结果分析包括：

（1）单指标超标情况的空间分布分析。

（2）多指标利用木桶原理进行的分析，以及简单叠加的空间分析。

（3）多指标基于模型计算结果分析，包括承载排序，及空间差异的分析等。

完成分析工作后，输出相关的空间分布图，以直观显示城市承载力空间分布差异。同时说明在理想状态下的城市系统指标，如人口密度、人均居住面积、空地率等指标，以便城市管理工作参考。

模型公式计算需要构造相应计算模型进行。

1）多目标线性加权函数：

$$R_A(w) = \sum_{i=1}^{m} y_{ij} w_j \quad (i=1, 2, 3, \cdots, m) \tag{5-1}$$

其中，R 综合承载能力分值，w 权重，y 归一化的指标值。

2）根据承载力的定义和内涵，构造基于支撑力 S 和压力 P 响应的综合承载能力 F 函数：

$$F = S \times e^{(-P)} \tag{5-2}$$

其中，F 综合承载能力分值，S 支撑类指标计算分值；P 压力类指标计算分值；S/P 计算分值由归一化的指标值和权重矩阵相乘后加和所得。当 P=0 时，F_0=S；即不考虑人类社会的发展影响，综合承载能力为单纯的环境支撑能力。

5.2.4 研究对象界定

杨浦区地处上海市中心城区的东北部（图 5-3），是上海中心城区面积最大的一个区。区域东面、南面直临黄浦江，岸线长 15.5km，与浦东新区隔江相望；西面以大连路、大连西路、密云路、逸仙路与虹口区相邻；北面以原江湾机场与宝山区接壤。地域总面积 60.61km²，其中陆地面积 55.53km²，水域面积 5.08km²。

下辖定海路街道、大桥街道、平凉路街道、江浦路街道、控江路街道、延吉新村街道、长白新村街道、四平路街道、殷行街道、五角场街道和新江湾城街道共 11 个街道办事处，以及五角场镇人民政府（图 5-4）。具体 2009 年各街道面积及人口见表 5-3。

区境沿黄浦江的 10.89km² 曾为公共租界，是当时上海最大的沪东工业区。五角场地区 1929 年后建有一批"大上海计划"的建筑。新中国成立前的开发建设主要集中于周家嘴路以南区域。20 世纪 50 年代，建成长白、控江、凤城、鞍山等 4 个新村。80 年代建成延吉新村，改造引翔港镇。80 年代末期开发中原住宅区，包括民星、市光、开鲁、国和、工农 5 个居住小区。21 世纪初期开发新江湾城，目前正在进行。

2009 年杨浦区基本情况表　　　　　　　　　　　　表 5-3

编号	街道名称	土地面积（km²）	实测面积（km²）①	水域面积（km²）②	户籍人口（人）	常住人口（人）
01	定海路街道	7.02	6.27	1.54	89048	109847
02	大桥街道	4.36	4.42	0.48	121962	147972
03	平凉路街道	3.44	3.21	0.50	108077	125002
04	江浦路街道	2.39	2.31		74757	92973
05	四平路街道	2.71	2.65		95792	107836
06	控江路街道	2.39	2.13		82636	94592
07	长白新村街道	3.05	3.03		62426	71811
08	延吉新村街道	2.05	1.95		77778	88671
09	殷行街道	7.40	9.51	1.47	144215	169505
10	五角场街道	7.61	7.44		118173	137448
11	新江湾城街道	8.69	8.91		8126	14907
12	五角场镇	9.50	8.74	0.48	103302	131390
	总计	60.61	60.57	4.47	1086292	1291954

注：①除特殊说明，均为 2010 年杨浦区统计年鉴数据。实测数据为地形图数字化边界数据。
②水域面积为杨浦区内黄浦江，未包括内部水系，如复兴岛运河、杨树浦港、走马塘、虬江等水系。

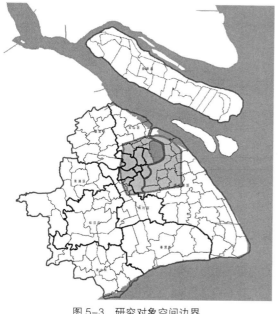
图 5-3 研究对象空间边界

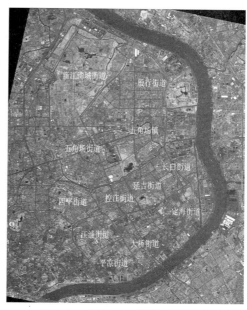
图 5-4 杨浦区卫星影像及街道分布

2010年，杨浦被确定为国家创新型试点城区。目前已形成五角场城市副中心、新江湾城创新基地、大连路总部研发集聚区、滨江现代服务业发展带等五大功能集聚区。

综上所述，研究区为上海中心区较大的一个区，正在经历从一个产业结构老化，社会包袱沉重，历史欠账多，基础设施落后的传统工业区转变为知识创新型城区的过程。周家嘴路以南至沿江地区为老工业基地和新中国成立前的住宅区，目前正在进行旧城的改造，而新江湾城地区则正在进行新城的开发建设。研究区包含了居住、商业、办公、工业等多种土地利用性质，同时涵盖了大面积的近代旧城改造、新城开发这2种不同的城市发展模式，交通、居住、公共服务等城市承载问题集中显现，又是居住用地相对集中的大城市中心城区。因此非常适合作为承载力研究的对象，其研究结果对国内大型城市的承载能力研究有指导意义，对中小城市的发展也有相当的借鉴意义。

5.3 数据处理

5.3.1 基础数据准备

1. 数据种类、时限及来源（表 5-4）
2. 空间单元的划分

由于规划系统所设定的社区边界与城市行政管理系统所设定的街道边界存在差异，同时大量的统计数据均以街道为单位进行统计。综合考虑承载单元理论意义以及后期计算准确性。以行政单位街道为空间单元进行考虑街道层面承载状况的分析。当街道面积较大，且被主干道路分割明显的区域，并未像社区边界一样以主干道路为边界组成计算单元，而仍以街道行政边界组成计算单元。

研究所需基础数据汇总　　　　表 5-4

编号	种类	来源	备注
01	杨浦区卫星影像	SPOT5	格式：GeoTiff；时点：20090508
02	各街道边界	地形图数字化	格式：DWG；1：5000
03	高分辨率航片	天地图	网站数据
04	楼盘面积与容积率	百度房产	网站数据
05	第六次人口普查数据	杨浦区政府网站（http://www.shyp.gov.cn/）	文本
06	第二次经济普查数据	同上	文本
07	杨浦区市政基础设施建设十二五规划	同上	
08	杨浦年鉴 2010	公开发行	
09	上海统计年鉴 2010	公开发行	
10	上海市污水处理系统专项规划修编（2020）	杨浦区规土局	
11	上海市供水系统专业规划（2005）	同上	
12	轨道交通 8 号线建设工程可行性报告	上海市城市综合交通规划研究所	完成时间：2002
13	轨道交通 10 号线地铁建设工程可行性报告	同上	完成时间：2004
14	社区控制性详细规划	杨浦区规土局	完成时间为 2002~2010 包括平凉、江浦、四平、定海、长白、黄兴、武川、新江湾城 8 个社区控详
15	江湾历史风貌区保护规划修编	同上	完成时间：2010 含长海、五角场社区控详

3. 数据处理原则

（1）指标尽量以地均、人均为单位处理，以消除自然属性及规模不同等因素带来的影响。

（2）单指标的承载计算尽量采用客观数据，仅在数据无法获取的情况下，采用估算数据。估算数据在定性分析的基础上尽量反映实际情况。

（3）尽量使用常住人口数据。仅在数据无法获取，或者是仅是户籍人口才能享受的城市服务能力分析才采用。

（4）研究需剔除大面积性质均一的无法利用空间。该部分空间通常不与城市居民发生作用，参与分析会掩盖真正的承载矛盾。本研究剔除了平凉、大桥、定海、殷行等街道和五角场镇的黄浦江水域面积。

5.3.2　遥感数据处理

1. 遥感数据的作用

（1）主要作为校核用，社区控详等规划完成时间跨度较大，数据很难统一到一个时点；

遥感数据则反映了下垫面一个时点的情况。

（2）利用纹理差别等特征进行容积率的估算。

（3）提取绿地面积，进行人均绿地面积的估算。

（4）作为一个易获得的，且相对客观的数据源，积累若干年可进行时序分析。

2. 处理过程

（1）基准图准备：杨浦区地形图（1：5000）。

（2）几何校正：以地形图为基准，将10m分辨率的HI波段数据校正到地形图的投影，再将高分辨率的全色PAN波段，与校正好的HI波段配准。

（3）光谱融合：采用效果较好的小波融合，将配准好的HI波段与PAN波段融合，从而得到2.5m分辨率的HI4波段数据。

（4）分类：非监督分类，主要提取绿地的空间分布信息。

（5）人工解释：利用纹理、颜色、形状等直观的信息，结合控规用地图，提取用地、居住容积率等信息。

5.3.3 人口及经济社会数据

1. 人口数据

在前文5.2节分析的基础上，实际的案例研究中采用人口影响因子中相对可操作的人口空间分布和年龄结构部分作为指标，用以考察人口对城市承载力数值及空间分布的影响。由于研究仅考察2009年一年的承载情况，因此未考虑人口的流动性和时间分布的不均衡性。

利用常住人口进行城市相关问题的研究已经成为共识，因为常住人口作为事实的城市居民，在为城市发展作出贡献的同时，也实实在在地享用城市的各种公共服务设施。除作特殊说明，下文分析均采用常住人口数据。

研究未采用相对正确的六普数据。主要原因为：六普数据为2010年11月数据，与本书研究时点存在差异。通过数学方法（如线性拟合等）将六普数据还原到2009年，所得结果与统计年鉴数据相差不大。

（1）常住人口空间分布

人口密度空间分布为常住人口数据与街道陆域面积相除所得结果，单位为万人/平方公里，如图5-5所示。

居住用地人口密度分布为常住人口数据与各街道居住用地数据相除所得，单位为万人/平方公里，如图5-6所示。

（2）人口年龄结构

本书研究中，年龄结构（表5-5）并不是一个独立的评估指标。其作为复合指标的组成部分，主要应用于养老机构服务能力的评估以及对失业率大致估算。详细全面的城市承载力研究，年龄结构可应用于对年龄结构敏感的指标分析中，尤其是对城市各个公共服务设施的评估中。由于目前的统计资料未对常住人口进行年龄结构的统计，因此后续的分析涉及利用年龄结构数据，如老人人数、未成年人、学龄儿童等等，均以户籍人口为基数。

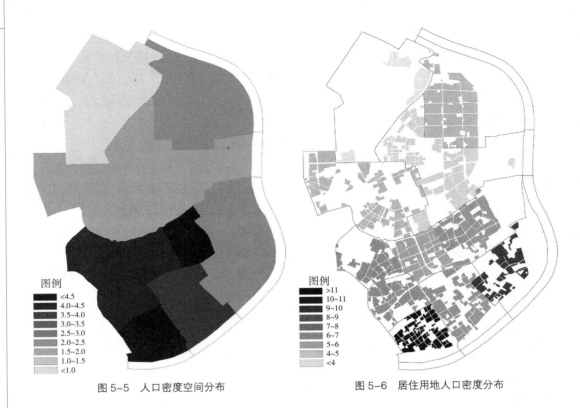

图 5-5　人口密度空间分布　　　　　图 5-6　居住用地人口密度分布

街道名称	2009年杨浦区户籍人口年龄结构 表 5-5			
	年龄结构（人）			
	18 岁以下	18~35 岁	35~60 岁	60 岁以上
总计	89967	294293	459332	242700
定海路街道	7201	23746	39387	18714
大桥街道	9476	25020	48466	25115
平凉路街道	6495	16834	33497	17931
江浦路街道	7090	38090	31379	19233
四平路街道	6807	18364	37227	20238
控江路街道	4314	21404	23122	13586
长白新村街道	5297	18815	32758	20908
延吉新村街道	9731	28116	56677	27438
殷行街道	10525	32507	65203	35980
五角场街道	10291	43390	43050	21442
新江湾城街道	1460	2074	3640	952
五角场镇	11280	25933	44926	21163

2. 经济数据

经济因素影响指标主要采用地均利税能力、经济活动强度两个指标（表 5-6）。前者代表一个街道的收入能力，后者代表一个街道的产出能力。产出—收入涵盖了一个简单的街道经济过程。

2009 年杨浦街道主要经济数据　　　　　　　　　　　　　　　表 5-6

街道	面积（km²）	地方税收（万元）	规模以上工业产值（万元）	利税能力（万元/km²）	经济活动强度（万元/km²）
总计	56.1	90527	1173458	1614	20917
定海路街道	4.73	5280	103904	1116	21967
大桥街道	3.94	9142	257360	2320	65320
平凉路街道	2.71	4246	61065	1567	22533
江浦路街道	2.31	3661	17845	1585	7725
四平路街道	2.65	7909	26719	2985	10083
控江路街道	2.13	4544	29646	2133	13918
长白新村街道	3.03	9518	205488	3141	67818
延吉新村街道	1.95	7343	25491	3766	13072
殷行街道	8.04	10360	63540	1289	7903
五角场街道	7.44	7495	221690	1007	29797
新江湾城街道	8.91	4100	0	460	0
五角场镇	8.26	16929	160710	2050	19456

街道的财政收入主要包括上级财政拨付、自身的纳税能力及其他收入。地方税是街道财政能力的最重要组成，自身的纳税能力（即地方税的收取）是一个体现街道建设发展能力非常重要的指标。地均利税能力即为完成地方税除陆域面积。

由于缺乏街道 GDP 的统计数据，因此用规模以上工业产值代替街道 GDP 数据。街道层面规模以上工业产值占街道 GDP 的大部分，因此不同街道规模以上工业产值的变化可间接表现街道 GDP 的变化。本研究的街道经济活动强度即由地均规模以上工业产值代替。

3. 社会数据

社会因素影响指标是一个相对难以量化的指标，其内容非常复杂。例如社会制度、风俗习惯等。本书研究选择常用的失业率及社会保障能力作为社会因素影响指标，并不代表上述两个指标可以涵盖社会因素的方方面面，仅作为较有影响力的部分使分析的指标涵盖相对全面，并为后续的研究确立一种简化的方式。

（1）失业率

街道层面确切的失业率很难获得，因此使用失业比例近似说明。失业比例的计算需要利用年龄结构数据。计算所得杨浦区 2009 年失业率数据见表 5-7。

$$失业比例 = 年末失业人数 / (18\sim35\ 岁人数 + 35\sim60\ 岁人数) \quad (5-3)$$

$$失业率 = 登记失业人数 / 总劳动人数 \quad (5-4)$$

$$总劳动人数 = 劳动年龄人口 + 劳动年龄之外实际参加劳动人数 - 劳动年龄内不可能参加劳动人数 \quad (5-5)$$

18~60 岁人群包含了劳动年龄内不能参加劳动的人数，如残疾、学生等等。因此失业比例应该略小于实际的失业率。

2009年杨浦区各街道社会救助及失业数据　　　　表 5-7

街道	年末失业人数（人）	失业比例（%）	社会救助能力			
			发放救助金（万元）	救助人次（万人次）	救助人次人口比例（%）	救助金占税收比（%）
定海路街道	2451	3.96	2910.4	8.2	92.09	55.12
大桥街道	3177	4.22	2858.2	10.3	84.47	31.26
平凉路街道	1970	4.32	2833.2	7.4	68.34	66.73
江浦路街道	1686	3.83	748.5	2.7	36.12	20.45
四平路街道	2288	3.33	1760.0	7.1	74.43	22.25
控江路街道	1691	3.98	1794.6	5.5	66.12	39.49
长白新村街道	2220	4.61	1928.0	4.3	68.70	20.26
延吉新村街道	3496	4.14	1236.0	2.7	34.71	16.83
殷行街道	4916	4.16	3619.4	14.0	97.08	34.94
五角场街道	1714	4.86	1254.9	4.3	36.30	16.74
新江湾城街道	109	2.37	59.0	0.2	22.52	1.44
五角场镇	2091	2.66	1511.0	6.5	62.92	8.93

（2）社会保障能力：社会救助

社会保障能力主要指社会保险、住房保障、社会福利、社会救助及优抚等内容。本研究以相对较易获取的社会救助数据代表社会保障能力参与评估。

上海市目前的救助金种类包括廉租房补助金、支内回沪帮困补助金、市民综合帮扶资金、事前医疗救助等种类。覆盖人群主要为户籍人口。由于统计数据没有对发放救助金种类，以及对应人数作详细的统计，同时也未统计各类需要社会救助的人口数量及空间分布。因此无法进行承载能力重要部分"需救助人口社会保障覆盖率"的计算。仅通过救助金占税收比和救助人次人口比例这两个指标进行间接分析（表 5-7）。

$$救助金占税收比 = 发放救助金 / 完成地方税 \times 100\% \quad (5-6)$$
$$救助人次人口比例 = 救助人次 / 户籍人口 \times 100\% \quad (5-7)$$

由于各类救助金发放的次数不一，且街道与街道间同一种类救助金发放次数存在差异，因此救助人次人口比例并不能有效地反映承载能力。表 5-7 中的"救助人次人口比例"数据较为杂乱，无规律可循，即反映了内在的差异。

救助资金除上级财政拨付外，仍有部分需要本级财政配套。因此救助金占税收比相对准确地反映了救助金的保障落实能力，是从资金层面较好地反映社会保障能力的指标。

5.3.4 土地利用情况

1. 用地分类过程

用地分类数据通过配准的 SPOT5 卫星影像与各社区的控规用地图，经过目视解译及实地勘察获得。不进行自动识别分类的原因是土地利用分类基于使用性质，而自动识别基于光谱或者纹理等特征提取的分类方法，两者具有共性的特征太少，分类后误差太大，结果无法使用。

控规用地现状图基本涵盖杨浦全境（军工路以东区域空缺），规划用地图则覆盖杨浦全境。但由于各街道完成的年限跨度比较大，局部用地已经发生变化，现势性较差，无法直接采用。由于建设必须依据规划的设定进行，因此用地变化总是处在现状用地到实现规划用地的过程中，不同的是实现路径和时间的差异。

遥感图像的现势性使准确的统计某一时点土地利用情况成为可能。SPOT5卫星影像融合后的空间分辨力已达到2.5m，可分辨大部分城市下垫面地物的变化。如道路（小区级路宽7m，卫星影像为2个像元以上）、主要建筑、主要绿地公园等，对于空地（主要为在建设用地，也有较好的分辨精度），辅之以其他更高精度的卫片和航片的校正（天地网[①]、百度地图[②]等），可使分类精度进一步提升。

对于遥感图像无法准确定位的用地边界，除图像中表现非常明显外，基本采用配准的控规用地图边界。小型绿地如小区级绿地、道路绿地等图斑较为细碎，人工解译工作量较大，因此不采用。

目视解译过程：

（1）确定路网，水系边界。边界以控规图为主，变化以遥感影像为主。

（2）利用控规现状用地图，识别明显尚未发生变化的地块，勾勒边界，并赋以用地属性。

（3）利用控规规划用地图，识别明显发生变化的地块，勾勒边界，并赋以用地属性。

（4）对于未能确定发生变化的地块（剩余地块），需要反复对照现状用地图和规划用地图，并在更高精度的图像上进行进一步的识别。待确认用地性质和边界后，保存结果。

（5）实地勘察。对于分类明确的地块，采用抽样的方式，对于分类模糊的地块则需要大比例的实地调查。

由于受到调查权限和保密性的限制，本研究未进行百分百实地调查。近十年中，杨浦未进行大规模的开发建设，因此可保证90%以上用地性质和边界的准确性。所存在的误差为系统误差，其对各街道的评估结果的影响是相同的。

2. 用地分类结果

用地分类结果可获得各类用地的数量及空间分布，间接可获得用地结构、用地比例（表5-8）、人均用地等三方面数据。

用地结构、用地比例可作为单独的影响承载力的指标进行分析。例如工业用地分布指标（图5-7）、城市空地分布指标（图5-8）的相关分析。各类用地的数量和人均用地将用于后续交通承载力的计算，以及涉及人均用地指标控制的公共服务设施和市政设施的承载能力评估。

所获得的居住用地分类结果可进一步进行容积率及人均居住建筑面积的分布的评估。

---

① 天地网网址：http：//www.shanghai-map.net：8080/shmap/。
② 百度地图网址：http：//map.baidu.com/。

分街道主要用地比例（单位：%） 表5-8

街道名称	居住用地	公共设施用地	工业用地	城市空地
总计	31.17	13.77	15.40	12.37
定海路街道	17.19	6.17	32.24	7.71
大桥街道	35.11	5.98	30.12	4.31
平凉路街道	32.07	3.62	14.77	10.42
江浦路街道	53.00	12.40	6.61	8.15
四平路街道	42.41	37.39	0.21	2.56
控江路街道	69.41	9.94	0.61	0.00
长白新村街道	24.72	21.41	28.91	2.70
延吉新村街道	57.45	11.95	1.90	0.00
殷行街道	31.97	5.01	20.34	0.68
五角场街道	33.21	32.65	9.44	5.19
新江湾城街道	10.04	10.84	1.77	60.59
五角场镇	35.21	15.16	18.24	4.51

3. 居住用地容积率估算

容积率作为一个考察用地强度的重要指标，对于评估城市承载能力具有非常重要的意义。居住用地容积率可以反映城市可提供居住面积的多少，结合人口的空间分布，可以提供人均居住建筑面积的数值。而人均居住建筑面积是个直观的、意义重大的评估指标，其决定了承载力中人对于居住空间大小的感受。在人口稠密的上海尤其重要和敏感。

图5-7 工业用地分布

图5-8 城市空地分布

（1）容积率的估算过程。

1）根据用地分类结果确定居住用地；

2）设定容积率等级标准；

3）按等级标准评估居住用地容积率；

4）高层2、高层1、小高层3类房屋利用网络数据逐楼盘进行校正；

5）按街道统计各等级标准，结果输出。

（2）容积率等级标准设定。

基本原则是，根据房屋种类、开发经济性、遥感图像目视特征（主要为纹理）综合确定。统计年鉴居住房屋构成分类为：花园式住宅、公寓、新工房、新式里弄、旧式里弄、简房、其他。本研究确定的居住房屋构成分类及容积率等级标准见表5-9。

居住房屋构成分类及容积率等级标准表 表5-9

居住房屋构成	容积率等级标准	说明	备注
高层2	3.0	2.0以上；容积率开发的最经济层高为32层，对应的容积率为3.0；规划控制中心城区V类强度区为2.5~3.0；多为20世纪90年代初期以后开发	规划控制标准为《上海市控制性详细规划技术准则（2011年）》；纹理特征明显
高层1	2.0	2.0左右；容积率开发的最经济层高为18层，对应容积率为2.0；多为20世纪90年代初期以后开发	纹理特征明显
小高层	1.6	最经济层高为11层，对应容积率为1.6；部分楼盘为11~18层混排；多为20世纪90年代初期以后开发	纹理特征明显
新工房	1.2	4~6层，基本为6层，4层，5层不多见。都建于新中国成立后到20世纪90年代初期	遥感影像无法区分楼层的差别；纹理特征明显
新式里弄	0.8	整修后规格排布的2层楼房	纹理特征明显
旧式里弄	0.8	自由排布的2层楼房，内部道路通行能力较差	影像无法区分楼层的差别，但自由排布的纹理特征明显；该部分包含了简屋等其他仅1层层高的居住建筑

注：①居住房屋构成、经济层高与容积率的对应关系为房地产行业常用经验数据。

②小高层、高层1、高层2大部分为20世纪90年代初期以后建设，网络可查询到详细的边界及容积率数据；如百度房地产专题地图 http://map.baidu.com/house/shanghai 等；为减轻统计工作量，容积率适当做了归并。

（3）空间分布与精度分析。

容积率空间分布如图5-9所示，详细的居住建筑面积统计数据见表5-10。

最终所得的居住建筑总量为2710万 m^2，而统计年鉴2009年的数据为2982万 m^2，准确率为92%。结果相对精度较高，可以接受。

（4）产生误差的原因。

1）容积率人为按5个级别进行归并，实际的容积率等级要远高于5个级别，可能为一个连续的数列。

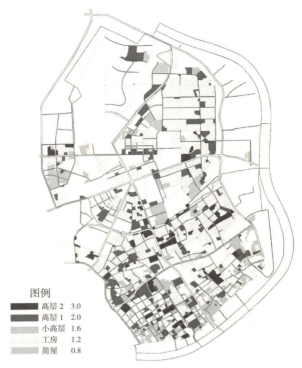

图例
■ 高层2　3.0
■ 高层1　2.0
▨ 小高层　1.6
▨ 工房　1.2
▫ 简屋　0.8

图 5-9　杨浦区居住用地容积率分布图（2009 年）

2）网站及开发商数据提供的是毛容积率数据。毛容积包含代征道路及绿地，相对于统计年鉴统计的净容积率数据偏小。

3）由于城市综合体，商住综合用地的存在，区分其中的商业面积与居住面积较为困难，因此未考虑商住综合用地的居住面积，将其统一归入商业用地。

4）遥感图像对于层高检测的天然局限性，以及经验数据的误差。

居住建筑面积空间分布（万 m²）　　　　　　　　　表 5-10

街道名称	旧式里弄	新式里弄	新工房	小高层	高层1	高层2	总计
定海路街道	23.12	13.41	29.61	20.14	21.70	42.06	150.04
大桥街道	15.26	29.23	75.15	12.50	51.22	10.63	193.98
平凉路街道	0.00	36.64	32.36	3.63	21.07	52.15	145.84
江浦路街道	0.94	13.42	57.53	12.36	70.50	40.71	195.46
四平路街道	0.00	0.00	106.12	0.00	21.48	39.62	167.22
控江路街道	0.00	0.00	126.40	3.67	19.19	91.85	241.11
长白新村街道	0.00	0.00	73.79	0.00	0.00	40.26	114.05
延吉新村街道	0.00	1.69	114.62	10.19	1.99	21.10	149.59
殷行街道	0.00	4.42	313.21	3.82	68.41	2.78	392.64
五角场街道	1.25	0.00	187.19	76.54	53.92	44.25	363.15
新江湾城街道	0.00	0.00	32.85	56.09	50.72	0.00	139.66
五角场镇	7.54	2.23	206.85	112.42	95.54	33.25	457.82
总建筑面积	48.10	101.03	1355.67	311.36	475.73	418.67	2710.56

4. 人均居住面积计算

结合各街道居住建筑面积及人口分布，进行人均居住面积的计算。人口分布数据见表5-3，结果见表5-11。

居住建筑面积总占比：各街道居住建筑面积/总居住建筑面积×100%。

居住建筑面积总占比与人均居住建筑面积　　　表5-11

街道名称	居住建筑面积（万 m^2）	居住建筑面积总占比（%）	人均居住建筑面积（m^2/人）	
			户籍人口	常住人口
定海路街道	150.04	5.54	16.85	13.66
大桥街道	193.98	7.16	15.91	13.11
平凉路街道	145.84	5.38	13.49	11.67
江浦路街道	195.46	7.21	26.15	21.02
四平路街道	167.22	6.17	17.46	15.51
控江路街道	241.11	8.90	29.18	25.49
长白新村街道	114.05	4.21	18.27	15.88
延吉新村街道	149.59	5.52	19.23	16.87
殷行街道	392.64	14.49	27.23	23.16
五角场街道	363.15	13.40	30.73	26.42
新江湾城街道	139.66	5.15	171.87	93.69
五角场镇	457.82	16.89	44.32	34.84
总计	2710.56	100	24.95	20.98

5.3.5 综合交通系统承载能力

综合交通系统评价比较复杂，也是直接产生承载问题的部分。综合交通系统包括道路系统、轨道交通系统、交通枢纽、常规公交（含出租车）、油（气）站配置、静态交通（主要为停车场库设置）、慢行系统（自行车道及人行系统）以及其上的信号系统等管理系统。从简化研究复杂度及影响的权重考虑，本尺度研究选择道路系统与轨道交通系统进行承载能力评估。

1. 道路承载评估

最佳的评价方法为引用《综合交通规划》中提供的路网高峰时段饱和度数据，饱和度计算公式为：

$$\text{饱和度} = \text{路网高峰时实际通过能力} / \text{路网高峰时设计通过能力} \times 100\% \quad (5-7)$$

路网高峰时实际通过能力，路网高峰时设计通过能力单位均为 pcu/h。

由于未取得《综合交通规划》中的相关数据，本研究采用了一种简化计算方法。该方法已用于北京市控规中对于用地交通承载力的基本估算。针对杨浦案例的研究，本书进行适当的修正，以体现上海的实际情况。

（1）道路系统承载评估过程。

1）道路网络的交通供给能力计算，见公式（5-8）：

$$Q = (2072 \times S_1 + 1479 \times S_2 + 1130 \times S_3 + 716 \times S_4)/D \times (1-e) \quad (5-8)$$

式中　　　　Q——道路网络在单位时间内提供给规划区用地的机动车容量，pcu/h；

S_1、S_2、S_3、S_4——分别是快速路、主干路、次干路、支路的机动车道面积（双向），万 m^2；

　　　　　　D——规划区内机动车的平均出行距离，km；

　　　　　　e——规划区内道路网络中过境交通量占全部通行能力的百分比，在缺乏调查数据时，可通过定性分析确定。

机动车面积按道路长度与车道宽度乘积计算，边界公用部分按一半面积计算。道路等级与分布如图 5-10 所示，车道宽度见表 5-12，道路长度见表 5-13。最后计算所得各街道交通供给能力见表 5-14。

图 5-10　杨浦区道路系统

图例
街道边界
快速路
主干道
次干道
支路

杨浦区道路基本情况表　　　表 5-12

道路等级	车道宽度（m）	道路名称
快速	20	内环、中环、逸仙高架
主干	28	黄兴路、四平路、周家嘴路、闸殷路、军工路等
次干	14	殷行路、中原路、杨树浦路、长阳路等
支路	6	扬州路、惠民路等

注：1. 2009 年军工路隧道未建成，因此未列入快速路；
2. 道路等级只是初步的区分，未严格按照道路交通规划进行分类；
3. 车道宽度变化很多，同一条路在不同的路段又有不同的断面宽度，为研究需要设定统一规格归并，可能使同等级道路在走马塘以南旧城区偏宽而以北新城区偏窄。

杨浦区各街道道路长度表（单位：m）　　　表 5-13

	快速路		主干路		次干路		支路	
	边界	内部	边界	内部	边界	内部	边界	内部
定海街道	0	1808	2011	1183	1045	6593	2125	9291
大桥街道	0	2785	1835	2774	1045	5331	1520	11478
平凉街道	0	0	814	0	1857	4916	0	9602
江浦街道	0	0	1611	1789	3059	1276	0	10403
四平街道	0	1217	1344	2651	1807	1012	1170	7473
控江街道	0	1835	1246	2557	1553	3768	0	6830
长白街道	0	1561	1443	1561	1286	837	1185	5227
延吉街道	0	0	1158	0	2839	4446	580	5536
殷行街道	0	0	1929	4159	947	4475	3915	13176
五角场街道	3196	2731	5424	6806	886	6400	2688	17898
新江湾街道	0	0	3990	839	0	10317	383	8577
五角场镇	0	4249	1586	7365	1616	8442	5203	19337

杨浦区各街道交通供给能力 表 5-14

	道路面积（万 m²）	平均出行距离（km）	过境交通比例	机动车容量（pcu/h）
定海街道	32259.95	4.60	0.20	5610
大桥街道	41345.96	3.60	0.40	6891
平凉街道	15056.49	2.75	0.20	4380
江浦街道	19651.77	3.10	0.20	5071
四平街道	25296.49	3.25	0.20	6227
控江街道	30896.82	3.75	0.40	4943
长白街道	20762.49	5.00	0.20	3322
延吉街道	14179.83	4.30	0.20	2638
殷行街道	35547.32	5.75	0.10	5564
五角场街道	76447.31	4.05	0.20	15101
新江湾街道	31824.60	5.75	0.20	4428
五角场镇	75450.05	5.00	0.20	12072

注：①平均出行距离按街道中心距离上海城市中心广场距离的一半估算；
②定性分析的数据，按是否街道拥有快速路，是否位于道路网络的端头分析设定。

2）规划用地的交通出行需求计算（式 5-9，参数见表 5-15、表 5-16，计算结果见表 5-25）。

$$T = \sum_{i=1}^{n} (L_i \times PA_i \times M) \quad (5-9)$$

式中　T ——规划用地在高峰小时的机动车出行总需求量，辆（标准小汽车）/h；

　　　L_i ——第 i 类用地的用地面积，万 m²；

　　　PA_i ——第 i 类用地的单位用地面积吸引发生率，辆/（万 m² × 高峰小时）；

　　　n ——用地类型的种类；

　　　M ——综合修正系数，本参数需要根据规划区建设用地的实际情况，如区位条件、建筑定位、周边交通状况、可能的交通需求管理政策等情况综合确定。

分街道各类用地用地面积（单位：万 m²） 表 5-15

	住宅（百户）	商业（C2）	医院（C5）	学校（C6）	写字楼（C8）	工业（M）	公园（G1）
定海街道	378.78	3.88	1.77	28.85	0.00	202.15	5.62
大桥街道	510.25	6.88	1.37	6.71	0.00	133.12	4.89
平凉街道	431.04	1.69	0.70	4.88	1.02	47.42	2.96
江浦街道	320.60	2.70	4.50	5.35	15.73	15.26	5.73
四平街道	371.85	7.66	0.00	81.30	9.79	0.55	2.44
控江街道	326.18	2.56	0.89	9.46	2.39	1.31	0.41
长白街道	247.62	2.35	2.27	56.69	3.55	87.59	1.90
延吉街道	305.76	3.33	0.00	10.28	1.42	3.70	21.42
殷行街道	584.50	21.31	2.44	21.58	0.78	193.46	116.31
五角场街道	473.96	47.76	11.15	168.41	15.36	70.20	8.29
新江湾街道	51.40	3.89	0.00	90.87	0.00	15.44	34.47
五角场镇	453.07	19.70	17.80	85.46	11.83	162.50	76.02

注：人口采用常住人口，户均人口系数为 2.9；五普 2.8、六普 2.55；但有近 20 万非家庭户人口，按六普常住人口/家庭户，则系数为 2.87。

（2）修正系数说明。

北京和上海同为中国的特大城市，城区发展差别并不大，北京案例的数据具有一定的可参考性。采用低值的原因主要为：

1）北京的私人汽车以及百户居民拥有轿车量均远高于上海；2011年北京私人汽车拥有量是389.7万辆，上海则为119.92万辆。[①] 抽样调查的数据表明2011年上海平均每百户城市居民家庭拥有家用轿车18辆，北京2009年的数据为29.6辆。

2）北京案例偏重对新城区规划校核，因此社会经济数据为规划末期的乐观发展情况。

3）杨浦是老工业区，历史传统即为产业工人居住区。居住人口平均消费能力相比黄浦、静安、徐家汇等中心城区较差。对应吸引发生率更低。

实际计算过程中采用低值，并根据街道发展情况作初步修正。初步修正系数：四平、江浦、控江、长白、延吉5个街道为1.2，五角场镇、五角场街道为1.4，其他为1。考虑到商业繁华程度，高校及医院的聚集程度，居民消费水平的差异，对部分街道进行了进一步修正，见表5-16中灰色区域。

部分用地类型的吸引发生率参数　　　　表5-16

街道名称	住宅	商业	医院	学校	写字楼	工业	公园
	辆/百户	辆/万m²	辆/万m²	辆/万m²	辆/万m²	辆/万m²	辆/公顷
定海街道	8	55	55	28	20	5.5	2
大桥街道	8	55	55	28	20	5.5	2
平凉街道	8	55	55	28	20	5.5	2
江浦街道	10	66	66	28	24	6.6	2.4
四平街道	10	66	66	40	24	6.6	2.4
控江街道	10	80	80	28	24	6.6	2.4
长白街道	10	66	66	30	24	6.6	2.4
延吉街道	10	66	66	28	24	6.6	2.4
殷行街道	10	55	55	28	20	5.5	2
五角场街道	10	100	77	40	28	7.7	2.8
新江湾街道	15	55	55	30	20	5.5	2
五角场镇	10	100	80	30	28	7.7	2.8

2. 轨道交通承载评估

（1）评估过程

根据轨道交通各线路运载能力以及站点的服务半径，分析8:00~9:00高峰时段的轨道交通系统承载情况，评估过程如下：

1）确定单个站点的影响范围

轨道站点影响范围基本以居民步行为主。居民步行到站点控制时间在10min内，步行速度4km/h，计算得到轨道站点控制范围为600m。考虑到自行车、公共交通，则影响范围

---

① 资料来源：2011年上海和北京国民经济和社会发展统计公报。

为 2000m。结合城市规划常用的控制距离，确定 500m 半径为最佳距离，2000m 为极限距离，2000m 以外区域为无影响区域。

2）计算空间覆盖率

主要考虑站点 2000m 以外的无影响区域，判断为无轨道交通服务覆盖（表 5-17）。

杨浦境内轨道交通线路及站点汇总表　　　　　表 5-17

轨道交通线路	涉及站点
3 号线	江湾镇、殷高西路、长江南路
4 号线	大连路、杨树浦路
8 号线	曲阳路、四平路、鞍山新村、江浦路、黄兴路、延吉中路、黄兴公园、翔殷路、嫩江路、市光路
10 号线	四平路、同济大学、国权路、五角场、江湾体育场、三门路、殷高东路、新江湾城

注：10 号线 2010 年建成通车，考虑轨道交通系统的完整性，亦加入整体的评估中。

3）计算影响叠加区域站点的影响边界

图 5-11 左图可见，500m 半径影响区域有少量叠加，而 2000m 半径影响区域有大量的叠加。因此计算叠加区域站点的影响边界。

采用的原则是距离相等原则，具体算法如下：

a. 针对同一条线路，采用有叠加 2 站点连线的中垂线分割叠加区域，形成影响边界。

b. 不同轨道交通线路间的影响边界，采用 2 条线路距离最近的 2 个站点的中点连线的分割方法。

图 5-11　地铁覆盖及站点影响区域（右为影响区域及程度）

4）计算单个站点承载状况

理想的方法为取得高峰时段的各站点载客量，与现状线路运能进行比较取得。本研究未能取得该数据，但是取得了相关线路工程可行性研究报告的预测数据，以及实际运行过程中的极端过载数据。因此采用一种简化的变通算法：

a. 利用工程可行性研究报告的预测数据，确定各站点的断面客流比例。假设各站点随时间各断面客流总量在变化，但彼此间比例不变。

b. 对于出现过载的线路，寻找占比最高的站点，即为出现极端过载的地点；代入实际运行中的极端过载值，计算该站点断面客流；按实际过载断面客流与预测客流比例计算调整系数，利用式（5-10）换算各站点实际客流。

$$调整断面客流 = 工程可行性研究报告预测客流 / 调整系数 \qquad (5-10)$$

c. 对于未出现过载的线路，按年平均增长或者最大断面客流估算各站点断面客流。

d. 根据运行间隔、车型载客定额、车辆编组确定线路运能。

e. 利用式（5-11）、式（5-12），计算各站点的承载状况，即各站点实际断面客流与线路运能的比值。

$$承载率 = 调整断面客流 / 线路实际小时运能 \qquad (5-11)$$

$$平均承载率 = （去向站点承载率 + 来向站点承载率）/2 \qquad (5-12)$$

5）结果显示

统计承载情况与影响面积，以街道为单位进行归并，在各站点的影响范围内标识各站点的承载状况，同时标识未影响范围。结果如图5-11右图所示。

（2）8号线评估结果（表5-18）

轨道交通8号线杨浦段高峰时段断面客流及承载情况（单位：乘次／高峰小时） 表5-18

	去向			来向			综合
	工程可行性研究报告	调整	承载率	工程可行性研究报告	调整	承载率	平均承载率
市光路	2510	2140	0.14	2677	2365	0.15	0.14
嫩江路	4611	3932	0.25	4898	4328	0.27	0.26
翔殷路	6396	5454	0.34	6814	6020	0.38	0.36
黄兴公园	9094	7755	0.49	9388	8295	0.52	0.51
延吉中路	13676	11662	0.74	13403	11842	0.75	0.74
黄兴路	17732	15121	0.95	16909	14940	0.94	0.95
江浦路	20369	17369	1.10	19381	17124	1.08	1.09
鞍山新村	22806	19447	1.23	21857	19312	1.22	1.22
四平路	24183	20622	1.30	23236	20530	1.30	1.30

8号线为C型车，6节编组，运行间隔为5min。C型车每车厢的定额载客量为220人，极端为310人。[①]则8号线的小时运能为：220×6×（60/5）=15840人。

---

① 相关标准引自《上海市轨道交通工程技术标准》（STB/ZH—000001—2010），下同。

2009年高峰小时最高平均过载率为133%。

最高过载断面客流为15840×133%=21607人。

查询工程可行性研究报告预测2015年数据，线路最高来向、去向断面客流均发生在曲阳路站，分别为去向24706人，来向23884人；该客流即对应2009年过载客流（去向21607人，来向21607人）；则各站点调整系数为去向1.1727，来向1.1318。

（3）10号线评估结果（表5-19）

轨道交通10号线杨浦段高峰时段断面客流及承载情况（单位：乘次／高峰小时） 表5-19

	去向		来向		综合
	工程可行性研究报告断面客流	承载率	工程可行性研究报告断面客流	承载率	平均承载率
新江湾城	5523	0.20	8554	0.31	0.25
殷高东路	9933	0.36	14416	0.52	0.44
三门路	12811	0.46	18271	0.65	0.56
江湾体育场	14722	0.53	21250	0.76	0.64
五角场	16645	0.60	24007	0.86	0.73
国权路	18110	0.65	26135	0.94	0.79
同济大学	18480	0.66	26831	0.96	0.81
四平路	18384	0.66	26849	0.96	0.81

杨浦境内的3号、4号、10号轨道交通线未见有过载的报道，且均为A型车，6节编组。4号、10号运行间隔为5min，3号运行间隔为4.5min。A型车每车厢的定额载客量为310人，极端为410人。则：

4号、10号实际小时运能为：310×6×（60/5）=22320人；

3号实际小时运能为：310×6×（60/4.5）=24180人。

工程可行性研究报告断面客流数据为预测2012年客流，由于未见过载的报道，因此按年增长10%预测客流增长。

各站点承载率=工程可行性研究报告断面客流数据×0.8/10号线实际运能 （5-13）

（4）3号线评估结果（表5-20）

3号线高峰时段断面客流及承载情况（单位：乘次／高峰小时） 表5-20

	断面客流比例	断面客流	承载率
长江南路	0.14	3213	0.13
殷高西路	0.26	5902	0.24
江湾镇	0.36	8187	0.34
大柏树	0.51	11640	0.48
赤峰路	0.77	17505	0.72
虹口足球场	1.00	22700	0.94

2.27万乘次/h 为3号线2009年高峰高断面客流。最高断面客流发生站点为虹口足球场。由于3号线断面客流数据无法获取，杨浦段与10号线运行区域毗邻，且长江南路也为始发站，因此采用10号线断面客流的比例模拟3号线客流。由此获得3号线杨浦段各站断面客流。

$$各站点承载率 = 断面客流数据 / 3号线实际运能 \qquad (5-14)$$

（5）4号线评估结果

4号线2009年高峰高断面客流为1.7万乘次/h，线路实际小时运能为22320乘次/h，最高承载率为17000/22320=0.76；杨浦境内大连路、杨树浦路站点为非换乘站点，且离换乘站点海伦路、世纪大道站均间隔一个站点。因此承载率为环线一般承载。本书取0.6，略低于最高承载率，略高于非环线线路起点至承载最高点的中值。

5.3.6 公共服务设施承载能力

由于赢利性的设施配套相对完善，研究意义不大，本书主要研究公益性设施的承载是否合适。从教育、医疗和社会福利三个方面进行考察，未考虑文化体育设施的承载情况。

在街道层面，教育主要分析居住区层面必须配置的高中教育的承载能力，医疗主要分析社区卫生服务中心的服务能力，社会福利主要分析养老设施完善程度。

分析包括两个方面，空间覆盖能力和现有设施服务能力。控制标准均可在相关规划规范中获得。

1. 高中教育承载能力

杨浦区云集了复旦附中、交大附中、控江中学、杨浦高级中学、同济大学第一附属中学、上海理工大学附中、市东中学、上财附中等上海市名牌高中，在教育质量方面具有相当优势。

（1）评估过程

1）确定高中位置；

2）按规范要求服务半径，设定单个高中的影响范围；

3）去除相邻高中的影响叠加区域，形成全区高中的服务范围（图5-12），并计算各街道的覆盖面积；

4）利用统计数据计算控制指标的实际值；

5）筛选指标的控制标准，高中服务的控制标准为生均建筑面积；[①]

6）评估指标的数值的差异以及空间覆盖的不同。

（2）相关说明

1）统计数据中包含高中的中学分为高级中学和完全中学；由于无法准确区分完全中学中的高级中学学生数量，完全中学的生均指标为学校内全部中学生的人均指标。

2）由于公办和民办机构同时提供了面向社会的服务能力，差别主要是收费。因此研究未予以严格区分。

3）覆盖面积按规范规定，高级中学服务半径为1000m。

---

① 资料来源：上海市工程建设规范《城市居住地区和居住区公共服务设施设置标准》（DGJ 08—55—2006）。

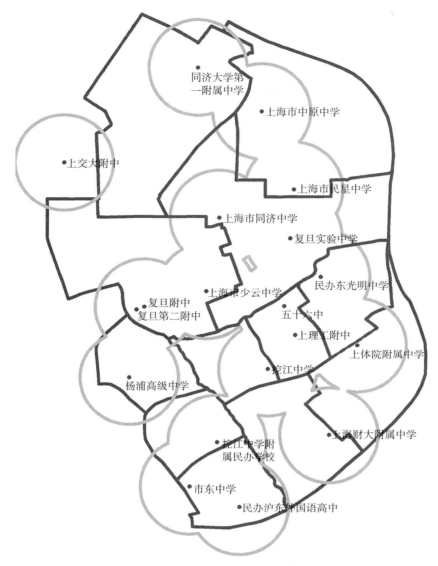

图 5-12 高级中学分布与空间覆盖

$$覆盖率 = 高中覆盖面积 / 街道陆域面积 \quad (5-15)$$

2. 社区医疗服务能力

主要考察社区医疗服务机构的现状服务能力，包括社区医疗服务中心和服务站提供的服务，但不包括综合性及专科医院提供的医疗服务。综合性及专科医院提供的医疗服务适宜在城市层面进行评估（图 5-13）。计算的结果均可满足。

（1）评估过程

1）基本与高中教育承载评估相同；

2）筛选指标的控制标准为每千人建筑面积；

3）由于评估指标值未在统计年鉴中体现，因此采用实测加估算的方法获取。

图 5-13 社区医疗服务中心分布与空间覆盖

（2）相关说明

1）建筑面积包括社区服务中心和社区服务站；

2）社区服务中心面积除部分来自公开资料介绍外，其他均来自高分辨率航空影像估算与实地验证；

（3）服务中心与下级服务站的数量比例为 1 : 4，即一个街道的卫生服务中心对应 4 个社区卫生服务站。每个卫生服务站按建筑面积 $250m^2$ 计。[①] 国家标准服务中心与服务站比例为 1 : 3.25，2005 年上海市拥有 227 所社区卫生服务中心（含郊区），中心城区设有

---

① 资料来源：卫生部所发布《社区卫生服务机构建设标准（2009 征求意见稿）》。

422个卫生服务站。上海比全国其他地区发达，因此服务站设立应相对较多，取1：4的比例相对合理；

（4）覆盖面积按规范规定，社区卫生服务中心服务半径为1000m，未考虑服务站覆盖范围。

$$覆盖率 = 服务中心服务覆盖面积 / 街道陆域面积 \tag{5-16}$$

3. 养老服务能力

杨浦区作为全市老年人最多的城区之一，随着社会的发展，老龄化趋势日趋明显，2009年杨浦区60岁以上老年人有24.27万，占全区户籍人口总数的22.34%。养老的模式一般包括社会养老、家庭养老等。本书主要考察社会养老服务的满足程度。社会养老机构包括敬老院、老年公寓、福利院、养老院等（图5-14）。

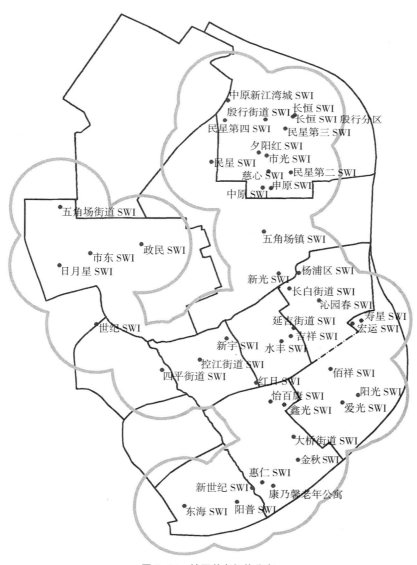

图5-14 社区养老机构分布

（1）评估过程

1）基本与高中教育承载评估相同；

2）筛选指标的控制标准为百位老人床位数。

（2）相关说明

1）杨浦区社会福利院位于长白街道，其主要提供区级层面的养老功能。因此街道层面的养老服务能力评估未考虑；

2）由于公办和民办机构同时提供了面向社会的服务能力，差别主要是收费及服务质量。因此研究未予以严格区分；

3）研究截止批准时间为2008年，未包括2009年批准的红星养老院（民星路450号）。

5.3.7 市政设施承载能力

市政设施具有较强的赢利性和生活必需性，系统建设相对容易。相比其他影响因素，现状承载能力与人口的匹配性是最好的，未来使用安全也就是承载的预警是其需要较多研究的方向。考虑到研究复杂性和必要性，选择供水能力代表赢利性一类市政设施承载能力，污水处理能力代表偏公益性的一类市政设施承载能力，进行评估研究。

1. 供水能力

采用简单的人均耗水指标进行评价，未考虑高峰期水压、供水质量、管网渗漏等因素。人均综合耗水指标465L/（人·d）。[①]

承载评价过程：

（1）确定水厂供水能力。杨浦区供水主要由市北自来水公司提供。参与供水的水厂包括杨树浦水厂、闸北水厂、月浦水厂。其中杨树浦水厂供水能力为148万 m^3/d，闸北水厂供水能力为28万 m^3/d，月浦水厂供水能力为40万 m^3/d。上述水厂主要供应杨浦、闸北、虹口三区。按杨浦区占总供水量1/3计，上述三厂供应杨浦总水量为72万 m^3/d。

（2）评估总供水量与总需求量的关系。

（3）确定管网的供水能力。杨浦区自来水利用历史悠久，中国最早的自来水厂——杨树浦水厂即位于本区，供水能力和管网能力几经完善，目前空间覆盖达100%（图5-15）。主要上水管径：干管 DN1000，地块管 DN300，小地块管 DN150；地块管基本对应供应一个街坊的面积，小地块管主要位于老城区，基本对应一个街坊的1/4~1/2。一个街坊的面积2~10 hm^2 不等。

（4）评估管网供水量与对应地块面积总需求量的关系。

2. 污水处理能力

污水处理是一个偏公益的市政设施，建设发展时期较晚，因此不同程度地存在处理能力与污水排放不匹配之处。上海市污水处理能力从"十五"期末471万 m^3/d 提高到2012年的684万 m^3/d，污水处理率从70.2%提高到2012年的81.9%。[②] 污水处理能力有了显著

---

① 取自《上海市供水系统专业规划（2005）》。

② 资料来源：中国水网，http：//news.h2o-china.com/html/2012/06/1461338947165_1.shtml。

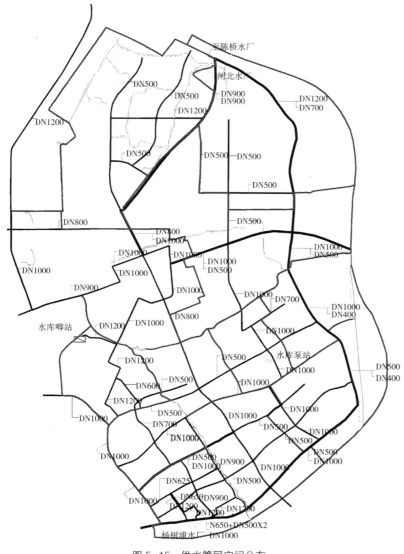

图 5-15 供水管网空间分布

的提高。污水处理能力偏重考察空间覆盖和污水收集处理能力,未考虑处理后产物污泥的合理处置。

承载能力评价过程:

(1)确定污水处理厂数量及处理能力。杨浦污水处理系统属于污水系统规划中的竹园片区(图 5-16)。该片区服务人口约 435 万。总污水处理能力为 230 万 m^3/d。杨浦污水主要经管网收集后,经曲阳污水处理厂(7.5 万 m^3/d)、竹园第一污水处理厂(170 万 m^3/d)、竹园第二污水处理厂(50 万 m^3/d)处理后,尾水排入长江。东区污水处理厂处理能力为 3.5 万 m^3/d(规划废除)。按人口比例计算,竹园片区服务杨浦的污水处理能力为 $230 \times 130/435=68.7$ 万 m^3/d。人均综合污水量指标 420L/(人·d),取自《上海市污水处理系统专业规划修编(2020)》。

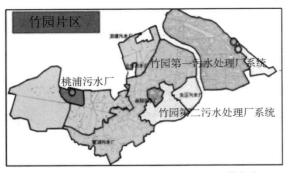

图5-16　上海污水处理系统竹园片区处理厂收集范围
来源：《上海市污水处理系统专业规划修编（2020）》

（2）确定污水收集管网的分布和主要管径。结合控制性详细规划中污水处理专项规划，以及实地勘察，确定管网主要管径为：污水治理一期工程箱涵2孔：3500×4250mm；污水治理三期工程干管$DN3500$，地块管$DN600$，小地块管$DN300$。管道包括：合流管、截流管、专用污水管（图5-17）。空间覆盖上（图5-18）：霍山排水系统丹东泵站、民星南排水系统尚未建设，大定海排水系统标准明显偏低，松潘、周塘浜、周家嘴排水系统排水能力仅达到半年期标准。上述地区均为雨污合流区，排水系统的标准即为污水收集能力的标准。因此上述区域污水收集系统并未很好地覆盖。

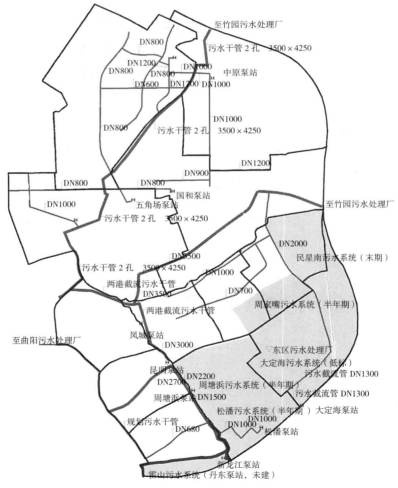

图5-17　污水处理系统管网空间分布

图 5-18 污水处理能力空间覆盖图　　　　图 5-19 绿地空间分布

（3）评估现状管网和管径的污水收集能力。污水处理系统的管网收集能力评估较为复杂，包括合流地区旱流污水量和雨季截流污水量估算、截流系数的设定；也包括分流制地区雨污水混接严重区以及初期污染比较严重雨水的截流量的估算。因此本研究并不作深入的研究，仅按管道理想输送能力评估污水系统的管网状况。空间覆盖上，设定分析标准为：未完全达标区域、未建设区（为缺失区）、低标区承载率 1.5，半年期标准区承载率 1.2，合格已建设区承载率 1.0。

（4）按面积比例换算各街道的污水处理能力。

5.3.8　空间环境承载能力

由于缺乏街道层面的主要大气污染物（SO_2、NO_X、PM_{10} 等）的监测数据。因此采用可间接体现环境质量差异的绿地数据进行替代。

SPOT5 遥感器对识别植物较为敏感。因此绿地的提取采用遥感影像计算机分类完成。为减少人工选择分类模板随意性的影响，采用非监督分类的方法。分类过程在 ERDAS9.2 下实现，分类结果如图 5-19 所示，各街道绿地分布及人均数值见表 5-21。

特别说明，本研究采用的绿地数据并不仅包括直接服务与区内居民的居住区级别的公共配套绿地、街边绿地、道路绿地等类型，也包括大面积的郊野公园和城市公园。

数据处理过程：

（1）非监督分类：Main → Data Preparation → Unsupervised Classification。

选择 ISODATA 算法（基于最小光谱距离公式）进行分类。

确定初始分类数：20；最大循环次数：24；循环收敛阈值：0.95。

（2）分类后，分类图像与原图像的叠加显示，确定颜色对应类别；进行分类重编码（Recode），将原20类合并成3类，即无数据区、绿地区及其他区。

Main → Image Interpreter → GIS Analysis → Recode。

（3）细小图斑归并，使用聚类统计（Clump）和去除分析（Eliminate）。

Main → Image Interpreter → GIS Analysis → Clump。

确定聚类统计领域大小：4。

Main → Image Interpreter → GIS Analysis → Eliminate。

确定最小图斑大小：10 pixels。

（4）分类精度评估。

分类后，分类图像与原图像的叠加，显示大部分的绿地得到精确分类。

（5）利用边界掩膜文件，统计各街道的绿地面积，输出结果。

2009年各街道绿地空间分布及人均面积　　　　表 5—21

街道名称	面积像元（个）	绿地像元（个）	空间覆盖（%）	绿地面积（hm²）	人均面积（m²/人）	
					户籍	常住
定海街道	758223	36245	4.78%	29.97	3.37	2.73
大桥街道	535680	19231	3.59%	15.87	1.30	1.07
平凉街道	388183	13411	3.45%	11.09	1.03	0.89
江浦街道	280782	23207	8.27%	19.09	2.55	2.05
四平街道	320622	61045	19.04%	50.45	5.27	4.68
长白街道	367456	44616	12.14%	36.79	5.89	5.12
控江街道	258862	21696	8.38%	17.85	2.16	1.89
延吉街道	237053	45504	19.20%	37.43	4.81	4.22
殷行街道	1153870	231863	20.09%	191.10	13.25	11.27
五角场街道	901657	151350	16.79%	124.89	10.57	9.09
新江湾街道	1059256	497148	46.93%	418.18	514.62	280.53
五角场镇	1080400	169058	15.65%	136.76	13.24	10.41

5.3.9　综合承载能力数据处理

综合评价采用两种评价方法：要素叠加法及模型公式法。

1. 叠加法处理过程

（1）准备各要素承载分析结果图，空间分析单元为街道。

（2）进行叠加分析。

具体分析过程可用成品 GIS 软件进行，也可自编程序完成；本书研究采用自编小程序；程序代码如下：

```
int line=LineBytes/3;
for(i=0;i<height;i++)
    for(j=0;j<line;j++)
```

```
        {switch(m_pPixel[i*LineBytes+j*3])
            {case 75:if(outPixel[i*LineBytes+j*3]==75)
                {m_pPixel[i*LineBytes+j*3]=90;
                m_pPixel[i*LineBytes+j*3+1]=252;
                m_pPixel[i*LineBytes+j*3+2]=252; }break;
            case 0:if(outPixel[i*LineBytes+j*3]==75)
                {m_pPixel[i*LineBytes+j*3]=75;
                m_pPixel[i*LineBytes+j*3+1]=60;
                m_pPixel[i*LineBytes+j*3+2]=200; }break; }}
```

原始输入文件为 BMP 格式的真彩色图像，内容为单要素承载分析结果，其值为覆盖与未覆盖两种情况或是超载与未超载。上述代码处理两项要素的叠加情况，蓝色分量分别为覆盖值 75，未覆盖 0。如何读取 BMP 格式图像在此不再赘述。LineBytes，height 为图像数据行列号。*m_pPixel 第一次存放待比较图像像素值，后存放比较结果。*outPixel 存放待比较图像像素值。当判断为 2 项均覆盖时，修改 *m_pPixe 对应位置值。程序中颜色（252，252，90）代表 2 项均覆盖，而颜色（75，60，170）则代表 1 项覆盖。多项要素的叠加为上述两项要素叠加算法的循环，超载情况分析与覆盖情况分析类似，不再赘述，计算中需保证代表覆盖不同次数的颜色蓝色分量的不同。

（3）按街道分析承载情况。

2. 模型公式法处理过程

（1）将指标按压力类和支撑类进行归一化。

由于仅为 2009 年一年数据，因此归一化分组以街道为分组，即单个指标的各街道的最大值、最小值进行归一化。

（2）确定权重矩阵。

利用均方差决策求解单项具体指标权系数，权重见表 5-2，采用的是一种客观赋权方法。

（3）根据式 5-1、式 5-2 分别计算各街道承载能力值。

（4）空间显示，成图。结果分析：承载排序、空间差异等。

5.3.10 数据处理过程小结

由于涉及到众多不同领域数据，本章的数据预处理及结果分析方法较为复杂。主要包括：①基于 RS 的信息提取方法，包括预处理使用到的配准融合等方法，用地、居住容积率提取中用到的人工解译方法，绿地信息提取中的非监督分类方法等；②基于 GIS 的空间分析方法，空间量算、影响范围的缓冲区分析，各影响因素的叠置分析等等；③综合承载结果分析中使用的综合法及公式法；④其他专项系统的评估方法，如基于用地的道路交通承载评估方法，基于客流预测的轨道交通承载评估方法，基于服务范围的公共服务设施及市政设施承载评估等。

上述分析方法可作为大的数据分析包集成于基于 GIS 的城市承载力评估软件中。RS 信息提取、GIS 分析方法、综合结果分析、专项系统评估适合作为 4 个单独的子模块集成于数据分析模块内。专项系统评估内含道路交通、轨道交通、公共服务设施等评价模型。

RS 信息提取方法、GIS 分析方法是一组通用的分析方法，适合一般的需要使用 RS/GIS 的应用；综合结果分析、专项系统评估所涉及的方法，是一组 UCC 评价的专用分析方法，很难在其他领域进行推广使用。

基于 RS 的信息提取方法优点是覆盖面积较大，数据重现性好，效费比较高。缺点是分辨率有待进一步提高，人工解译方法受人的影响不确定性较强。

基于 GIS 的空间分析方法优点是快速、直观、准确，缺点是需要就多人为干预，尤其是相关标准的制定，以及部分重叠区域的消影。

综合法及公式法是基于指标体系的一组分析方法，其权重的设定，判断公式的逻辑严密性，判断标准的客观性均存在一定的瑕疵，需要进一步深入研究。

其他专项系统的评估方法均为其领域的专业研究的简化算法，主要为了避免使城市承载力研究过于复杂和庞大而进行的删减。相对各领域的专业评价，其在影响因素及判断标准设置上进行了筛选，评价结果相对比较适合进行综合承载力的分析。

5.4 微观评价结果分析

5.4.1 推荐指标及控制标准

推荐的指标及控制标准见表 5-22，相关指标控制标准说明如下：

城市内部空间 UCC 评价推荐指标及控制标准　　　　表 5-22

影响因素	推荐指标	控制标准		备注
		绝对阈值	空间覆盖	
人口状况	人口密度空间分布	≤ 22545 人 /km²	无需考虑	参考值；中心城区平均
经济因素	地均利税能力	≥ 3318 万元 /km²	无需考虑	参考值；上海市平均
	经济活动强度	≥ 9658 万元 /km²	无需考虑	参考值；上海市平均
社会因素	失业比例	≤ 4.3%	无需考虑	参考值；上海市平均
	救助金占税收比	≤ 6.05%	无需考虑	参考值；中心城区平均
土地利用	城市空地比例	<6%	面实体；覆盖率	参考值；定性分析决定
	人均居住建筑面积	25m²/人	无需考虑	确定值；规划控制标准
综合交通	道路交通承载能力	0.6~0.9	线实体；线线缓冲区面积比	确定值；依据特定算法
	轨道交通系统承载能力	<1	点实体；≤ 500m；≤ 2000m	确定值；依据特定算法
公共服务设施	高中教育	生均建筑面积 11.09m²	点实体；≤ 1000m	确定值；规划控制标准
	社区医疗服务	千人建筑面积 68m²	点实体；≤ 1000m	确定值；规划控制标准
	养老服务	2 床 / 百老人	点实体；≤ 1000m	确定值；规划控制标准
市政公用设施	供水承载	465L/（人·d）	线实体；线缓冲区面积比	确定值；规划控制标准
	污水处理	处理率 100% 420L/（人·d）	线实体；线缓冲区面积比	确定值；规划控制标准
空间环境	人均绿地	3.5m²/人	面实体；覆盖率	确定值；规划控制标准

1. 人口、社会经济因素类指标控制标准说明

该类指标缺乏确定的一致公认的控制数值,采用中心城区的相应均值替代。本书考虑到评价控制标准的完整性,将该部分控制标准作为重要的参考量列入。但其准确性有待进一步研究确定。中心城区选取黄浦、静安、卢湾、徐汇、长宁、普陀、闸北、虹口、杨浦等9个区,浦东新区由于并入了南汇区,包含大量未建成区,因此未计算入内。

(1)人口密度控制阈值

选取中心城区的平均人口密度作为参考控制阈值。中心城区中的9区一直存在人口密度过高的压力,历年一直在向宝山、闵行、松江、嘉定、浦东等区疏解过多人口。超过该阈值(22545人/km²),即判断为人口过多。

(2)地均利税控制阈值

街道层面的地税大小和区县层面的地税大小存在较大的差异,因为区县层面包含了区属企业所缴地方税收收入。而上海各街道的地税数据无法获得,统计年鉴提供了区县和全市两个层面的地方税收收入统计。采用杨浦区2009年街道地税与全区地税的比例(20.57%),将各区县的地税转换为近似的街道地税平均数据。即控制阈值3318万元/km²,低于即判为不足。

(3)经济活动强度

经济活动强度主要考察规模以上工业地均产值能力。街道层面的工业产值和区县层面的工业产值存在较大的差异,因为区县层面包含了区属企业所贡献产值。由于上海各街道的工业产值数据无法获得,采用杨浦区2009年街道工业产值与全区产值的比例(11.24%),将各区县的工业产值转换为近似的街道工业产值平均数据。即控制阈值9658万元/km²,低于即判为不足(表5-23)。

上海中心城区与杨浦区相关社会经济指标对比　　　　表5-23

	人口密度 (人/km²)	利税能力 (万元/km²)	经济活动强度 (万元/km²)	失业比例 (%)	救助资金比 (%)
中心城区平均	22545	16132.19	85919.36	4.30	15.95[①]
杨浦街道(亿元)		9.06	117.35		263.93
杨浦全区(亿元)		44.05	1043.94		1283.24[②]
占比(%)		20.57	11.24		20.57
控制标准	22545	3318	9658	4.30	6.04

注:①各区县街道层面地税累加值,各区县街道层面地税值=各区县地税累加值×固定比例(20.57%)。
　　②为各区县地税累加值。

(4)失业比例控制阈值

由于无法区分人口年龄结构及失业人口中的非农与农业人口。因此采用统计年鉴上海市城镇登记失业率数据作为判断标准,即4.3%,超过即判断为不足。

(5)救助金占税收比控制阈值

2009年上海市各级政府支出各类救助资金15.95亿元。采用杨浦区2009年街道地税

与全区地税的比例（20.57%），将各区县的地税（中心城九区）转换为近似的街道地税平均数据。救助金占税收比等于各类救助资金总和/平均街道地税。计算所得标准为6.05%，超过即判为不足。

2. 土地利用指标承载控制标准说明

城市空地比例指标为研究城市内部空间承载特有指标，目前缺乏相应的规划控制标准。结合土地分类结果，以及对应空间单元城市建设和社区成熟度，本研究设定6%为阈值。低于6%，则说明该部分城市空地属于正常的城市空间更新与改善，对居民生活产生影响较小。大于6%则说明城市空地的比例已经达到影响居民生活，带来交通混乱、环境脏乱嘈杂等严重负面影响。

杨浦区土地使用经验表明：区内建设较为完备，生活配套比较成熟的区域如四平、控江、长白、延吉、殷行等街道，其城市空地比例均低于3%，大桥街道存在少量的旧城更新区（4.31%），五角场镇（4.51%）和五角场街道（5.19%）为大面积硬件建设已经完成，存在少量的配套建设补偿完备的区域。而定海（7.71%）、平凉（10.42%）、江浦路（8.15%）为杨浦主要的几个旧城改造区，尚处于旧的设施已经失能而新城市设施尚在建设中；新江湾城（60.59%）则是各方面生活设施非常不完备的新开发区。上述两区域内部居民未享有正常的城市生活舒适与便利，已经属于承载失衡的区域。

3. 道路交通系统承载控制标准说明

当承载率 $\lambda=T/Q$ 在 0.6～0.9 时，表明规划区内道路网络的供需关系适当。

当承载率 $\lambda<0.6$ 时，表明道路资源供给存在一定富余，可考虑增加用地开发强度或适当缩减道路长度或机动车道数。

当承载率 $\lambda>0.9$ 时，表明道路资源供给存在不足，可考虑削减用地开发强度或适当增加道路长度或机动车道数。

4. 空间覆盖控制标准说明

分点实体（大部分的公共服务设施，如学校、养老院、轨道交通站点等）、线实体（道路系统，供水系统等）及面实体（各用地分布，尤其是城市空地、绿地）分别进行控制。

本研究主要对轨道交通站点、学校、养老设施、社区服务等点实体按2000m、1000m不等的范围进行覆盖分析，对于用地、排水系统按是否覆盖的面实体标准进行覆盖分析。

5. 其他指标控制标准设定

除特殊说明，其他指标的控制标准均来自相应的规划控制标准，如《上海市控制性详细规划技术准则（2011年）》。影响因素的控制指标标准非常复杂，本书仅选择对承载能力表征相对敏感，数据相对容易获取的标准。

5.4.2 单要素承载结果分析

1. 承载空间覆盖分析（结果见图5-20、表5-24）

（1）轨道交通服务、污水处理、高中教育、社区医疗以及养老服务存在空间覆盖的缺失，也即未覆盖地区服务供给为零，承载能力的支撑能力缺失。

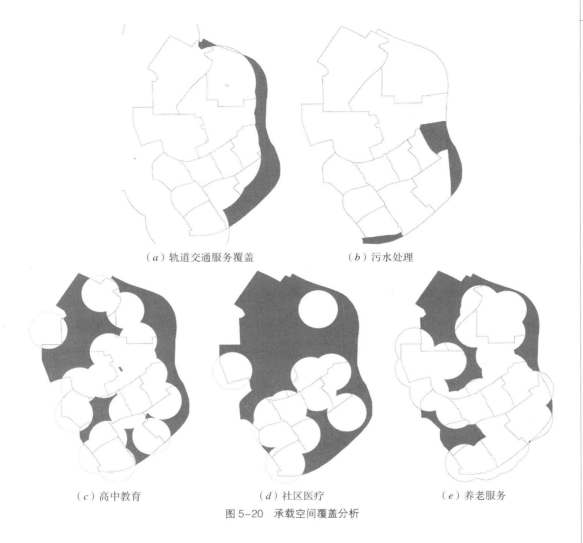

(a) 轨道交通服务覆盖　　(b) 污水处理

(c) 高中教育　　(d) 社区医疗　　(e) 养老服务

图 5-20　承载空间覆盖分析

（2）2000m 半径的轨道交通站点服务覆盖分析显示（图 5-20（a）），在杨浦的东侧和东南侧，轨道站点服务未覆盖，大体位于军工路东侧，大桥社区和定海社区的南侧。

（3）污水处理能力覆盖（图 5-20（b））按污水管网是否已经建设完成，投入使用标准进行分析。由于民星南污水系统、霍山污水系统（丹东泵站）未建，因此定海、长白街道的东侧、平凉街道周家嘴路南侧区域存在污水处理能力的缺失。

（4）作为主要的街道服务设施，空间服务半径按 1000m 控制。高中教育设施在五角场街道西北侧，江浦、四平、控江三街道交界处的覆盖缺失，影响较大，上述地区居住人口较为稠密，而新江湾街道以及军工路东侧区域的覆盖缺失影响相对较小（图 5-20（c））；社区卫生服务缺失较为严重，走马塘以北区域大面积缺失，原因是上述区域街道划分面积过大，社区卫生服务半径过小，当然未考虑社区卫生服务中心下属站的服务半径也客观造成了该部分服务覆盖区域的空缺（图 5-20（d））；养老机构服务覆盖是最佳的（图 5-20（e）），人口稠密区仅在江浦街道大部、四平街道、五角场街道的小部分缺失。这和养老机构的半公益性，较多的社会力量参与服务有较大关系。

杨浦区各街道承载空间要素覆盖情况（单位：%）　　　　表 5-24

街道名称	轨道交通	高中教育	社区卫生服务	养老服务	污水处理能力
定海路街道	26.85	63.48	55.49	96.66	0.04
大桥街道	65.99	78.65	41.96	100.00	2.53
平凉路街道	99.86	100.00	82.35	96.97	77.70
江浦路街道	100.09	72.13	95.40	25.80	100.00
四平路街道	99.92	86.45	57.40	81.81	100.00
控江路街道	100.23	63.67	94.99	99.81	100.00
长白新村街道	80.53	80.42	74.71	91.91	30.23
延吉新村街道	100.00	100.00	88.08	100.00	78.26
殷行街道	84.15	49.32	39.06	77.69	100.00
五角场街道	100.07	57.45	33.95	82.57	100.00
新江湾城街道	96.76	37.29	0.03	27.15	100.00
五角场镇	92.73	72.58	34.96	75.01	100.00

2. 承载质量分析

（1）人口社会经济因素的承载评价结果分析

1）人口密度空间分布（控制标准 22545 人 /km², 大于即超标，见图 5-21（a））。

超标街道为定海、大桥、平凉、江浦、四平、控江、长白、延吉等 8 个街道，其中平凉（46126 人 /km²）、延吉（45472 人 /km²）超标最为严重，超标值已偏离控制标准一倍以上。新江湾城街道（1673 人 /km²）最为稀疏，因其目前尚处于开发建设期。空间分布特征：基本以走马塘为界，以南即为人口稠密的超限区。

2）地均利税能力（控制标准 3318 万元 /km², 小于即不足，见图 5-21（b））。

除延吉新村街道（3766 万元 /km²），其余 11 个街道均未达到标准，其中最严重为新江湾城街道（460 万元 /km²）、五角场街道（1007 万元 /km²）。可见杨浦的街道相对于中心城区街道创造税收的能力过低，这和杨浦基本为市属、区属工业，商业等第三产业较不发达有必然联系。

3）经济活动强度（控制标准 9658 万元 /km², 小于即不足，见图 5-21（c））。

新江湾城、江浦、殷行等 3 个街道低于标准；其中新江湾街道统计值为零，江浦路（7725 万元 /km²）为第二低值，最高为长白新村街道（67818 万元 /km²）。说明杨浦区较中心城区经济活动强度较大，区域存在大量工业提供了贡献值；新江湾街道尚未存在规模以上工业，内部纯居住且尚处于大拆大建改造期的街道经济活动强度较弱。同时各街道发展程度差异较大，工业密集的东部、南部沿江街道普遍比居住比例过高的内部街道要高。

4）失业比例（控制标准 4.3%，大于即超标，见图 5-21（d））。

大桥、控江、殷行等 3 个街道失业比例超标，其中殷行街道（4.86%）为失业率最高街道。失业比例最低为新江湾城（2.37%）、五角场街道（2.66%）。

5）救助金占税收比（控制标准 6.05%，大于即超标，见图 5-21（e））。

除新江湾城街道（1.44%）外，其他 11 个街道均存在问题。其中最严重为平凉路街道

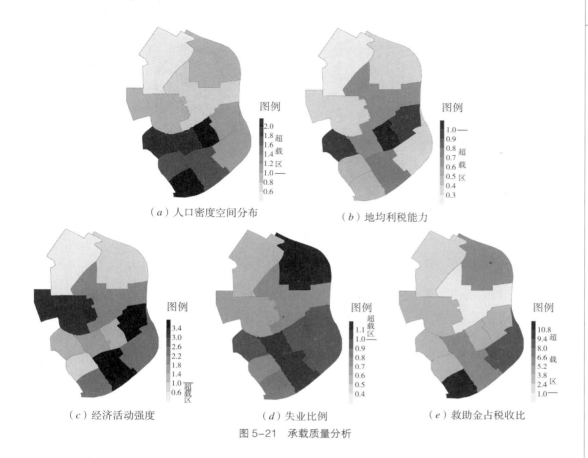

图 5-21 承载质量分析

（66.73%）、定海街道（55.12%）。这说明杨浦区各街道创税能力不高，内部又为产业工人集聚区，人口素质相对较差，需要救助人口较多。因此过高救助比在人口问题长期积淀的老城区（平凉、定海）变得尤为明显。

（2）土地利用承载评价结果分析

1）城市空地比例（控制标准 6%，大于即超标，见图 5-22（a））。

新江湾城街道（60.59%）比例最大，其后平凉（10.42%）、江浦路（8.15%）、定海（7.71%）。超标街道共 4 个。最低为延吉新村街道（0%）。

这表明：区内建设较为完备、生活配套比较成熟的区域城市空地比例较低，而大规模的旧城改造区和新城建设区城市空地比例较高。较高的比例使区域内部居民无法享有正常的城市生活舒适与便利。

2）人均居住面积（控制标准 25m²/人，小于即不足，见图 5-22（b））

人均居住面积指标未达标街道一共 8 个，其中平凉街道（11.67m²/人）最低，仅为控制标准的 47%，其后为大桥街道（13.11m²/人）、定海街道（13.66m²/人）；高值出现在新江湾城街道（93.69m²/人）、五角场镇街道（34.84m²/人）。空间分布特征为：南部黄浦江沿岸的最老的建成区情况最严重，由南至北，情况逐渐改善，且与城市开发时序相关，即越早开发的地区居住条件越差。新建设区由于存在人口导入的滞后，所以出现了最大值。

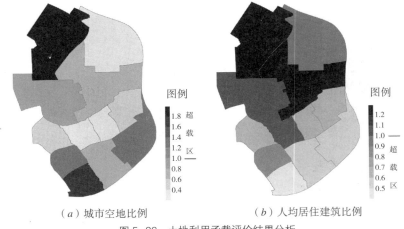

(a) 城市空地比例　　　　　　(b) 人均居住建筑比例

图 5-22　土地利用承载评价结果分析

(3) 综合交通承载评价结果分析

1) 道路交通承载能力（控制标准 0.9，大于即超标，见图 5-23 (a)、表 5-25)

一共 8 个街道超标，即道路拥堵严重，交通承载过载；最严重地区为殷行 (1.63)、长白 (1.55)、延吉 (1.33) 等 3 个街道。服务能力较好区域：控江 (0.78)、大桥 (0.79)、江浦 (0.85)、新江湾城 (0.87) 等 4 个街道。

以上结果说明：①道路交通过载区域主要分布在人口稠密，且位于城市一角，交通出行距离过长、尽端道路过多的区域。殷行街道位于杨浦的东北角，而长白、延吉街道人口稠密，出行需求较大，道路面积相对较少；②同等的人口密度下，道路密集区交通承载状况较好，如控江、大桥、江浦等街道密集分布内环线、城市主干道周家嘴路等骨干线路；③人口密度较小，但道路设施建设良好的区域交通承载状况较好，如新江湾城街道。

交通供需平衡分析结果（单位：pcu/h）　　　　表 5-25

	高峰小时机动车出行 T	路网交通供给 Q	承载率 λ
定海路街道	5272	5610	0.94
大桥街道	5466	6891	0.79
平凉路街道	4004	4380	0.91
江浦路街道	4323	5071	0.85
四平路街道	7720	6227	1.24
控江路街道	3870	4943	0.78
长白新村街道	5150	3322	1.55
延吉新村街道	3675	2638	1.39
殷行街道	9068	5564	1.63
五角场街道	18105	15101	1.20
新江湾城街道	3865	4428	0.87
五角场镇	12284	12072	1.02

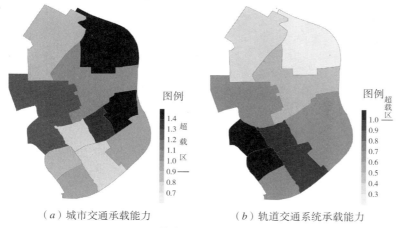

（a）城市交通承载能力　　　　（b）轨道交通系统承载能力

图 5-23　综合交通承载评价结果分析

2）轨道交通系统承载能力（控制标准 1.0，大于即超标，见图 5-23（b））。

共 2 个街道轨道交通承载超标，分别为江浦街道（1.05）、四平街道（1.01）。服务能力较好区域共 10 个街道，其中殷行（0.17）、新江湾城（0.31）为最好。

这说明：①总体轨道交通承载情况相对较好；②在轨道交通线路的中段由于起始端各站点客流的积累，以及车辆本身容量较小，导致承载超载情况的出现，主要分布 8 号线的四平路、鞍山新村以及江浦站，其对应的街道则为江浦及四平街道；③位于轨道交通线路起始站点的街道轨道交通承载情况较好，殷行街道为 8 号线起始端所在地，而新江湾城为 10 号线起始端所在地。

（4）公共服务能力评价结果分析

1）高中教育（控制标准生均建筑面积 11.09m^2，小于即不足，见图 5-24（a））。

以规范要求生均建筑面积指标控制标准分析，杨浦各街道尚未存在不足情况，均满足控制要求。其中大桥街道（生均建筑面积 17.3m^2）为最低，四平街道（生均建筑面积 47.6m^2）为最高，为控制要求的 4.29 倍。

说明：①杨浦区高中教育质量满足要求，这和杨浦区内重点高中云集密不可分；②差别主要由区域发展程度和学校本身质量引起。大桥街道辖区有上海财大附中，学校本身为重点中学，但其所属区域用地比较紧张的旧城区，建设时期较早，建筑相对老旧，因此指标较小；而四平街道拥有杨浦高级中学，为上海市重点中学，建设时期较晚，用地相对宽裕，拥有相对较大的发展潜力，因此指标为最大的。

2）社区医疗服务（控制标准建筑面积 68m^2/千人，小于即不足，见图 5-24（b））。

社区医疗服务未达标的街道为 7 个，其中新江湾城尚未建设，由殷行街道卫生服务中心代为提供社区卫生服务；指标最小的为五角场街道（建筑面积 36m^2/千人）；达标街道 5 个，分别为江浦（72m^2/千人）、控江（72m^2/千人）、五角场镇（71m^2/千人）、长白（70m^2/千人）、定海路（69m^2/千人）。

这说明：①杨浦区总体社区医疗服务提供水平较差；②老城区和新建设区服务提供水平较差，如新江湾城缺失，五角场街道最小，大桥、平凉等老城区服务也未达标准，而周

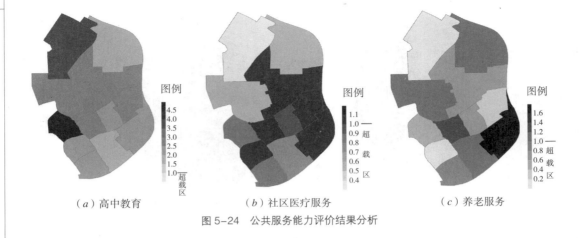

(a) 高中教育　　　　　(b) 社区医疗服务　　　　　(c) 养老服务

图 5-24　公共服务能力评价结果分析

家嘴路以北,走马塘以南新中国成立后至 20 世纪 80 年代建设的小区社区服务水平相对较好。

3) 养老服务(控制标准 2 床/百老人,小于即不足,见图 5-24(c))。

养老服务未达标街道 7 个:其中新江湾城未建,江浦路未建,长白街道(0.44 床/百老人),四平街道(0.89 床/百老人)。指标较为优越的街道:定海路街道(3.74 床/百老人)、控江路街道(2.58 床/百老人)。

这说明:①杨浦区虽然养老机构众多,但总体服务提供水平较差;②老城区人口老龄化严重,养老问题突出,从而推动了设施建设,使服务提供水平变好,如定海、平凉等街道。

高中教育及社区卫生服务分析结果　　　　　　　　　　　　表 5-26

	高中教育情况			社区卫生服务情况		
	高中数	占地面积	建筑面积	建筑面积	千人建筑面积	
					户籍	常住
	(所)	(m²/学生)	(m²/学生)	(m²)	(m²/千人)	(m²/千人)
定海路街道	1	25.5	26.2	5100	69	56
大桥街道	1	25.1	17.3	4800	48	39
平凉路街道	2	27.6	26.5	4964	55	48
江浦路街道	1	23.2	23.2	4400	72	58
四平路街道	1	74.4	47.6	4300	55	49
长白新村街道	1	38.4	28.6	4800	70	61
控江路街道	2	35.3	27.7	3500	72	63
延吉新村街道	2	233.3	23.1	4026	65	57
殷行街道	2	32.1	21.1	4805	40	34
五角场街道	3	34.5	28.8	3200	36	31
新江湾城街道	1	67.2	43.5	0	0	0
五角场镇	3	48.7	28.2	6361	71	56

注:①江浦街道、控江街道及长白街道社区卫生服务中心公开资料中未有对建筑面积的说明,表中数据为高分辨率航片测量(天地图与百度地图提供航片数据)与实地验证获得。其他建筑面积数据为公开资料(网页及实地宣传栏)提供。

②新江湾城街道未建设有社区卫生服务中心,殷行街道提供该部分功能。

③殷行街道千人建筑面积指标计算未包含新江湾城街道人口。

（5）市政设施服务能力评价结果分析

1）供水服务能力（控制标准465L/（人·d），小于即不足，见图5-25（a））。

水厂供水能力结果分析：杨浦区供水主要由市北自来水公司提供。日供应能力约为72万m^3/d；以130万常住人口计，总需水量为130×465/1000=60.45万m^3/d，水厂的供水量可满足目前的人口需求。

管网的供水能力结果分析：取地块最大面积10hm^2，人口密度取高值10万人/km^2。根据式（5-17）计算，则DN150的供水能力为4578m^3/d；流速取常规值1.5m^3/s。

$$流量 = 流速 \times 管道截面积 \tag{5-17}$$

街坊需水量为：1000×465/1000=465m^3/d，远远小于管网的供给能力。由于供给远大于需求，DN300直径以上供水管不再评估。

养老服务分析结果　　　　　表5-27

	养老机构（所）	床位数（床）	60岁以上老人（人）	百老人床位数（床/人）
定海路街道	5	700	18714	3.74
大桥街道	6	538	25115	2.14
平凉路街道	3	350	17931	1.95
江浦路街道	0	0	19233	0.00
四平路街道	2	180	20238	0.89
控江路街道	3	350	13586	2.58
长白新村街道	2	93	20908	0.44
延吉新村街道	3	399	27438	1.45
殷行街道	12	739	35980	2.05
五角场街道	4	500	21442	2.33
新江湾城街道	0	0	952	0.00
五角场镇	3	270	21163	1.28

注：①60岁以上人口采用户籍人口的年龄结构中60岁以上人口数据。
②长白新村街道未考虑辖区杨浦区社会福利院的服务能力。

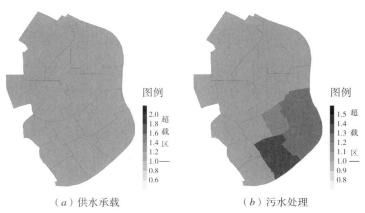

（a）供水承载　　　　（b）污水处理

图5-25　市政设施服务能力评价结果分析

因此从源头—水厂和供应介质—管网两方面分析，杨浦区供水能力目前较为富裕，是承载状况最好的一个影响因素。

2）污水处理能力（控制标准处理率100%，小于即不足，见图5-25（b））。

污水处理厂处理能力结果分析：竹园片区服务杨浦的污水处理能力为68.7万 m^3/d，杨浦的污水排放量为 $420×130/1000=54.6$ 万 m^3/d。现状污水处理能力满足污水的排放量。

已有管网收集能力结果分析：由于其小地块管径已达 $DN300$，按供水管 $DN150$ 即可满足 $465L/$（人·d）的标准分析，对于 $420L/$（人·d）的综合污水量标准，$DN300$ 可轻松满足。因此现存的污水处理系统管网能较好地满足覆盖区域的污水排放。

未达标区结果分析：杨浦区各街道未达标区分布见表5-28，其中包括缺失区、低标准区以及半年期标准区。承载状况为存在4个街道未达标：大桥、定海、长白、延吉等四个街道。其中大桥社区（1.39）、定海社区（1.21）较为严重。

杨浦区各街道污水处理能力评估（单位：hm^2） 表5-28

街道	正常（=1）	半年（>1.2）	低标（>1.5）	缺失	未覆盖面积	承载率
定海路街道	0	337.1	9.6	126.4	473.1	1.21
大桥街道	5.1	129.6	254.3	0	383.9	1.39
平凉路街道	209.4	0	0	60.4	60.4	1.00
江浦路街道	231	0	0	0	0	1.00
四平路街道	265	0	0	0	0	1.00
控江路街道	213	0	0	0	0	1.00
长白新村街道	91.2	0	61	150.4	211.4	1.20
延吉新村街道	152.6	0	42.4	0	42.4	1.11
殷行街道	803.52	0	0	0	0	1.00
五角场街道	744	0	0	0	0	1.00
新江湾城街道	891	0	0	0	0	1.00
五角场镇	826.36	0	0	0	0	1.00

（6）空间环境质量评价结果分析。

控制标准为人均绿地 $3.5m^2/$人，小于即不足，最后评价结果见图5-26。

杨浦区未达标街道共5个：其中平凉街道（$1.03m^2/$人）、大桥（$1.3m^2/$人）、定海（$3.37m^2/$人）、江浦（$2.55m^2/$人）、控江（$2.16m^2/$人）。指标较好区域：新江湾城（$514.62m^2/$人）、殷行街道（$13.62m^2/$人）、五角场街道（$10.57m^2/$人）。

这说明：①老城区人均绿地普通较少，导致空间环境质量较差；②新中国成立后至20世纪80年代开发的社区，如区内无高校等存在大绿化面积的单位，

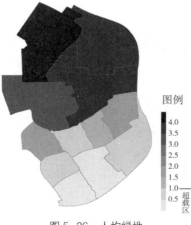

图5-26 人均绿地

则人均绿地较少，但相对旧城区还是稍多；③ 20 世纪 80 年代末期至今开发的区域，人均绿地面积最大，空间环境质量最高。因其区内有大型绿地公园或是高校等单位；④ 新江湾城目前处于建设中，由于是第三代社区注重绿色生态，因此其已建成区绿化率较大，未建设空地在上海的水土条件下均为绿地，同时导入人口相对较小，因此新江湾城的人均绿地出现异常高值。

5.4.3 主要制约要素分析

主要制约因素分析见表 5-29。

UCC 主要制约要素分析结果综合 表 5-29

制约要素		出现承载问题街道数	承载问题程度	备注
人口	人口密度空间分布	8	+1.05	
经济	地均利税能力	11	−0.86	
	经济活动强度	3	−1/−0.02	新江湾城街道无统计
社会	失业比例	3	+0.013	
	救助金占税收比	11	+10	
土地利用	城市空地比例	4	+9.10/+0.74	新江湾城处于开发中，空地较多
	人均居住建筑面积	8	−0.53	
综合交通	道路交通承载能力	8	+0.73	
	轨道交通系统承载能力	2	+0.05	
公共服务	高中教育	0	0	
	社区医疗服务	7	−1/−0.48	新江湾城街道缺失
	养老服务	7	−1/−0.78	新江湾城街道缺失
市政公用	供水承载	0	0	
	污水处理	4	+0.39	
空间环境	人均绿地	5	−0.71	

1. 以参考值为标准控制的指标

影响街道数量分析：地均利税能力、救助金占税收比、人口密度等三个指标出现承载问题的街道较多，分别达 11 个和 8 个。这说明杨浦区各街道相对于上海中心城区街道的人口密度偏高，利税能力较低，需要救助人口偏多，进而导致救助金占税收比偏高。

承载严重程度分析：救助金占税收比（超标准 10 倍）指标为最高，其次为人口空间密度指标（超标准 1.05 倍）、地均利税能力指标（超标准 0.86 倍）。这说明在参考值控制的指标中，救助金占税收比指标承载程度最为严重，杨浦区存在较严重的社会救助资金的保障压力，街道的税收较多地被社会保障需求所消耗，以致对街道其他方面的建设完善支持力度减弱。

2. 以绝对值为标准控制的指标

影响街道数量分析：人均居住面积指标（8 个），道路交通服务指标（8 个），其次为社区医疗服务（7个）、养老服务（7个）等指标。这说明居住问题、道路交通问题以及公共服务问题是影响杨浦区城市发展的空间分布最广的问题。

程度分析：城市空地、道路交通、养老服务以及人均绿地指标超标情况较严重，基本与控制标准比值偏离0.7以上；这说明道路交通问题、城市空地等指标超载问题最为严重，需要采取积极措施缓解。

基于以上分析，参考值控制指标中影响范围最广，且问题最严重的是救助金占税收比。绝对值控制指标中，道路交通问题无论从影响范围还是程度来分析，是目前影响杨浦区最严重的指标。因此，从主要制约要素角度分析，杨浦区加强城市综合承载力，首要需要加强的道路交通承载力。分析的结果也客观印证了城市交通的问题，出行难给市民生活带来了极大的不便。其次要切实提高街道经济的创造税收的能力，大力发展设计、咨询等第三产业，适当地控制第二产业的规模。由此亦可导致人口素质的改善和购买力的提升，客观上减少需救助人口的总量。

5.4.4 综合承载结果分析

1. 承载空间覆盖分析（图5-27）

（1）总体分析

从承载要素的空间覆盖结果可得，杨浦区总体覆盖情况较差，要素全覆盖区仅覆盖有人居住区的60%左右，尚有大量的居住用地存在要素覆盖不全的问题。尤其是缺失1项与2项要素服务的区域为多。

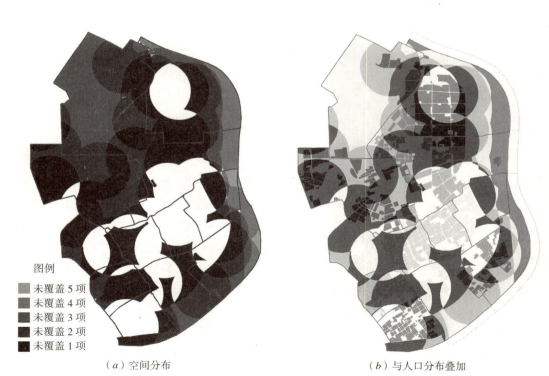

（a）空间分布　　　　　　　　（b）与人口分布叠加

图5-27　承载空间覆盖分析结果

（2）全部覆盖区（空白区域）

要素全覆盖区的居住区域主要包括平凉的大部（人口密度 11 万 /km² 居住用地），控江、延吉、长白的大部，大桥、定海、四平、江浦、五角场镇、殷行的部分地区。基本涵盖了杨浦 60% 主要的居住用地，其内的人口可以享受最全面的社区服务。五角场镇仅覆盖南部很小的有人居住区域，新江湾城则未存在全覆盖的区域。

（3）主要的缺失区

为要素覆盖缺失 3~5 项的区域。最严重缺失区（4 项以上）主要分布在军工路以东，该区域主要以工业以及仓储用途为主，内部居民较少。但仍存在五角场镇的虬江居委会的居住用房，该居委会居民为全杨浦享受社区服务最不全的部分人口。覆盖缺失 3 项的区域主要分布在新江湾城，军工路周围，上述地区均无人口居住，因此对居民居住品质影响不大。大桥西南侧的服务缺失，则对该处居民影响较大，该部分居民享受着杨浦第二不全社区服务。

（4）2 项缺失区

主要分布于五角场街道的大部，新江湾城街道、殷行街道、五角场镇、大桥、定海街道的部分。除五角场街道覆盖了大量的居住人口外，其他街道均分布于人口集聚区的外围，影响不大。

（5）1 项缺失区

主要分布于殷行街道居住用地的边缘，五角场镇的北侧，江浦街道的大部，以及四平、江浦、控江街道的交界处，大桥、定海、控江、延吉的交界处。大部分位于人口稠密区之上，对人口居住品质影响最为严重，需要投入精力加以改善。

2. 承载质量分析

为给出综合承载力在空间上直观的分析结果，将道路等七大要素进行叠加分析，逐区域统计承载力超载的单个因素，并在空间予以表现，如图 5-28 所示。

同时为将这种直观的分析结果数值化，以便进行相对精确的数值分析与排序，采用了综合法以及公式法（定权均采用离差法，权重见表 5-2）分别进行分项指标分析结果的综合。

（1）叠加结果分析

叠加的结果显示（图 5-28）：江浦路街道（超标 10 项）为承载超标指标最多的区域，其次为平凉路街道超标 9 项，四平路、大桥、定海街道超标 8 项。空间分布基本上从东到西，从北到南加重的趋势，与建设时序存在一定联系，建设越早区域超载情况越严重，越晚则相对较好。老榆林区所属街道平凉、江浦路情况最为糟糕，而老杨浦旧租界区的大桥、定海街道也不容乐观。

（2）综合法评估结果分析（图 5-29）

空间分布上总体趋势为以走马塘为界线，南部承载能力较差，而北部则相对较好。同时东侧沿黄浦江各街道相对于西侧内陆街道为好。

五角场镇、新江湾城街道处于高值区（$R>0.6$），显示承载能力较强；江浦、平凉、大桥处于低值区（$R<0.45$），表明上述街道承载能力较弱；其他街道介于高值区与低值区之间，显示承载能力在杨浦 12 个街道中较为适中。

图 5-28 承载能力叠加分析结果　　　　图 5-29 承载能力数值评估图（综合法）

评价结果与超载指标叠加分析结果较为一致。

新江湾城街道虽然存在经济活动强度很小，养老机构、社区卫生服务机构等公共服务的空缺，但是其生态环境、人均居住、道路交通等指标显示承载状况处于杨浦区前列，因此综合的结果表明承载能力处于杨浦区各街道前列。

（3）综合法及公式法评估结果比较

综合法与公式法计算的结果（表 5-30），显示了相同的空间分布规律，即走马塘为界，向北则综合承载力较高，向南则较低。

杨浦区城市综合承载力评估综合法与公式法对比　　表 5-30

编号	街道名称	综合法	公式法	综合排序	公式排序
01	定海路街道	0.4563	0.2495	8	5
02	大桥街道	0.4130	0.1405	11	12
03	平凉路街道	0.4032	0.2411	12	6
04	江浦路街道	0.4359	0.1993	10	9
05	四平路街道	0.4835	0.2259	5	8
06	控江路街道	0.4721	0.2645	7	3
07	长白新村街道	0.5084	0.1559	4	11
08	延吉新村街道	0.4500	0.1831	9	10
09	殷行街道	0.4800	0.2599	6	4
10	五角场街道	0.5849	0.2375	3	7
11	新江湾城街道	0.6287	0.2688	2	2
12	五角场镇	0.6672	0.2841	1	1

不同计算方法的高值区域计算结果较为相同，为五角场镇（排位第1）、新江湾城（排位第2）。低值区域的分析结果也较为相同，分别为大桥（综合法11，公式法12）、江浦路（综合法10、公式法9）、延吉新村（综合法9、公式法10）。中间区域排序较为混乱。这说明不同的承载力综合评价方法在区分高值和低值的情况较为统一，但在进行中间值数据段则对不同的权重和公式相对敏感。

相对而言，综合法较好地符合居民所感受的实际情况，如定海路（综合法位次8，公式法位次5）、平凉路（综合法位次12，公式法位次6）、控江路（综合法位次7，公式法位次3）、长白街道（综合法位次4，公式法位次11）。平凉、定海为旧城区，城市问题较多，超载状况严重，而长白街道为20世纪80年代末期建设街道，各方面配套相对完善，承载状况相对较好。因此可以判定公式法在评价上述街道的承载情况时与实际情况偏离较大，而综合法则相对较好。

第6章

对策建议

6.1 保障措施

为使城市承载力提升，提高空间覆盖度，需要得到各方面的有力支持。要从城市承载力监测评估体系建立，实施主体确立，危机管理方式转变，公众参与机制强化，实施途径顺畅等方面采取相应的措施，以保障城市承载力有效提升，城市各类活动有序进行。

6.1.1 建立承载力监测评估体系，增强评估的科学性

科学的承载力监测评估体系，是科学评价城市承载力的根本前提。针对现有承载力评估体系的缺失，结合我国城市的地域特点，根据城市承载力各要素的实际情况，从尺度和效用两方面建立城市承载力评价指标体系，同时利用GIS技术建立分析评估平台。首先，详细分析不同尺度下的影响因素，力求对承载力的内涵和外延作出深度剖析。其次选取各要素子系统中反映要素承压两方面的指标表示承载力，并利用主观和客观的方法选择指标，建立初步的指标体系及监测评估系统。运用初步的成果对典型城市进行承载力评价和管治示范，并用城市发展的实际情况校核指标体系。其次，在全国选择若干具有代表性的城市进行承载力评估，进一步优化承载力评估体系，最终确定一套适合中国国情的城市承载力评价指标体系、评估平台以及监测预警机制，在全国范围进行推广。

6.1.2 构建承载力评估机构，确立实施主体

明确的实施主体，是保障承载力空间管治的关键，也是推进我国主体功能区的重要保障。城市空间管治的实施主体是城市政府。空间管治的实施必须以权威评估机构的评估建议作为依据。评估采取政府组织、专家领衔、部门合作、公众参与、科学评估的方式。承载力的评估机构分为组织机构、评估机构、实施机构。组织机构由城市政府组织，或者委托当地科协组织评估。评估机构由国土、水利、交通、建设、环境、科技等方面的专家组成，负责承载力指标体系的构建与承载力的测评与发布。实施机构则由政府及其各职能部门组成，具体落实城市空间管理、规划实施后评价、提升承载力策略等。

6.1.3 建立和发展城市承载力的资源保障体系

建立和发展城市承载力的保障体系。未来城市承载力的空间拓展是建立在充分的资源保障基础之上的。城市政府有必要把改善城市承载力的资金纳入政府的预算之中，建立应对各种城市问题的专项基金，通过社会保险等方式扩大资金的供给。并且完善战略性资源的贮备，编制资源目录，以有利于有效调动地调动资源。此外，城市要加强人力资源的培养和训练，为城市问题的解决提供充足的人力资源。

6.1.4 强化公众参与机制，畅通公众意志表达渠道

承载状态标准的设立很重要的一环是公众对承载的感受。前文的分析表明由于市民忍受力的存在，不同地域不同城市的居民对相同的承载标准感受是不一样的。因此，需要强

化公众的参与机制，同时设立畅通的渠道以表达公众对承载的感受。公众的参与是整个城市承载力管理的基础，可通过公共信息的传播、教育以及多学科的职业训练等途径，增强其管理意识与能力。

充分依托信息交流与共享平台，主要是通过网络和其他如电话、信件等建立起作为信息受体的公众与信息提供者、生态环境保护和建设的决策者的交流与互动的有效平台，公众可以充分了解与自己切身利益相关的环境问题，使得公众能充分表达自身的需求，能真正参与城市承载力改善的行动中。

6.1.5 加强部门之间协作，保障实施途径顺畅

城市承载力是一个综合性非常强的城市能力指标。评价分析的内容分布于各个城市分系统中，每个分系统又对应不同的管理部门。因此需要建立有效的管理联动机制，把个体的力量转化为整体的力量，从而发挥出整体的最大优势。加强城市各个分系统管理主体之间的联动机制，在专门的承载力管理机构中进行经验交流，提高城市承载力的管理效率。建立非政府组织及市民参与的承载管理社会网络，使公众需求能畅通地表达，动员全体市民参与承载管理，建立政府与市民及民间组织之间的联动机制。建立政府与媒体之间的良性互动，有助于准确掌握信息，增加管理透明度，稳定局势等等。加强城市政府与承载力研究力量的交流与合作，进行城市承载力管理经验的咨询。

6.2 政策建议

6.2.1 尽快建立城市承载力评价制度

提高城市承载力是城市可持续发展的关键，也是新时期现代城市发展建设的重要内容。为了引导城市健康持续发展，加快资源持续、环境友好的现代城市建设，提升城市承载力以及对危机的应对能力，建议国家有关部门要在明确承载力内涵的基础上，尽快建立城市承载力的评价指标体系，加强预警性指标及基于 GIS 的评估系统研究，通过预警指标对城市发展过程中的要素状态已经发展模式提出警示；实施城市承载力评价制度，诊断城市发展过程中的问题，对不同类型问题的城市进行分类指导；发布《中国城市承载力评估报告》，建立城市发展模式的评判机制，保障城市承载力范围的可持续发展。

6.2.2 加强城市承载力评价平台研究

结合城市地理信息系统，构建一个面向社会的，具有动态更新功能的城市承载力评价通用平台，可外挂于相关领域管理系统之上。这不是一个简单的专家评估系统，应该为 GIS 与 ES 综合。GIS 系统可采用目前常用系统实现方法，ES 系统功能需要进行具体设计和强化。

（1）以城市或街区为评价单元，提供各种分析评价工具，动态、持续地研究城市综合承载力时空变化过程，评价结果具有图、表等多种表达方式，形象直观地展示城市综合承载力空间特征和具体时间阶段的发展状态，为国土规划、区域可持续发展、城市规划提供

先进的技术支持和辅助决策信息。

（2）实现基于 ESDA 的空间分析操作，并预留接口，为后续新的系统分析模型提供便利的系统接口。

（3）实现 Web 环境下海量承载力研究基础资料及研究成果的查询管理，复杂的逻辑计算与查询操作，结果显示与网络发布。

6.2.3 将城市承载力纳入社会经济发展规划的必备研究专题

将城市承载力研究作为社会经济发展规划、区域规划、城市规划发布前的必备研究专题，将城市发展目标与路径选择有机结合起来，并且作为规划实施后评价的重要参考依据。建立基于城市承载力的可视化系统，模拟承载力空间状态、预警状态，制定全国 – 区域 – 城市分级管理的承载力系统，进行城市承载力分空间区管理。

6.3 对典型城市发展的建议

上海城市承载力提升是新一轮城市发展总体目标的重要组成部分。城市承载力的研究，在微观上将识别制约上海城市发展的承载力瓶颈地区，可精确地进行空间的落位，可为旧城改造，区域均衡发展提供参考；同时识别城市承载力相对富裕区，为未来城市的发展提供参考。在宏观上，通过综合承载力的排名和空间分析，可识别承载力自身的发展趋势以及同类同性质的城市，为城市的适度规模扩张以及城市性质的确定提供依据，同时分析各要素承载力在横向和纵向的发展，可明确影响综合承载能力的短板，并提出有效的改进措施。

针对上海城市综合承载力与各要素承载力发展态势，本研究提出以下几条建议：

6.3.1 对城市规模以及性质的发展建议

从前文分析得出的结论，上海城市承载力发展水平远远高于长三角其他城市，且发展相对独立，同时城市的承载状况一直处于超载的状态。因此首先，需要适当控制城市的发展规模，同时彻底改变单中心集聚的发展模式，建立郊区新城，分散中心城区的庞大人口和需求，改善城市的承载状况。其次，由于承载力发展水平远高于长三角其他城市，因此上海城市性质不应局限于作长三角龙头，应该放眼世界，应成为世界城市网络中的关键节点，成为国际金融中心和航运中心。最后，需要切实落实长三角一体化的区域发展战略，促进与区域城市在金融、能源、技术等全方位的合作，将自身发展经验与长三角其他城市共享，共同促进区域城市群的发展。

6.3.2 进一步挖掘土地资源利用以及科技创新潜力

就上海自身的发展情况而言，需要充分挖掘土地资源的利用效率，有效地节约建设用地资源，适当限制城市建成区的年际扩张速度。土地资源利用效率提高的关键是提高地均 GDP 的产出能力。应参考发达国家标准，转变现在粗放的发展模式，通过技术改造等措施提升企业实力，同时淘汰部分落后企业，对引进企业设立规模、技术以及环境保护等相关要求。

"十二五"上海的发展战略是"创新驱动，转型发展"，体现了对于科技创新的高度重视。本书的分析表明目前上海的科技创新能力相比欧美、日韩等发达国家还有不小差距，需要从培训科技人员，促进企业创新，提高科技成果转化率等方面进行努力。

6.3.3 提升内部空间承载能力的建议

在城市内部空间，主要的影响因素是人均居住面积以及道路交通承载能力，同时社会保障也是一个瓶颈。因此需要大力推行安居房、经济适用房等满足刚需的房型建设，强化房地产市场调控，使更多的人能摆脱狭小的居住空间；针对交通的拥堵，需要大力建设和优化道路网络，提高道路管理能力，同时坚持"公交优先发展的原则"，大力发展轨道交通网络，控制高峰时段的车辆出行率，引导公众出行主要依靠轨道交通的公共交通服务系统；加大社会保障资金的筹措和投入力度，提高需救助人群的覆盖率，减少因病、失业而致贫的人口。

6.3.4 加强城市控制标准的研究

针对已有的确定管理标准，如养老服务涉及的养老机构床位数、轨道交通的服务水平等，需要进行细化和集成，并对相关算法进行统一，以便公开发布、不同区域城市间的比较和相关机构的引用。

针对目前尚模糊的标准，需要提高公众的参与意识，进行持续的公众需求的收集工作。根据公众的需求设定管理标准。

不管是确定还是模糊的标准，都需要进行持续的跟踪研究，以适应变化的承载能力背景条件。同时还需要进行分区分段，甚至是分人群的细化研究，使承载能力的控制标准更精确地反映实际情况。

第 7 章

结论与展望

7.1 主要论点和结论

本书在系统研究城市承载力发展演变的基础上,详细探讨现存各种承载力指标体系的优劣,针对其缺点和现阶段实际情况,从城市发展制约要素集合及其评价方法上对城市承载力理论体系展开研究,利用地理信息科学的方法,根据经济社会发展和城市建设需求,对区域及城市内部不同系统的承载能力逐一进行评估和准确定位,量化各系统的承载能力,并在此基础上总结区域层面和城市空间层面两个尺度的城市综合承载力评价指标体系与方法,并建立起相应的评估方法和过程,通过典型地区的研究,评判其优缺点,为其他地区的城市综合承载力研究提供借鉴,促进城市理性增长与和谐发展。本书主要的论点和结论概括如下:

1. 系统探索城市承载力承载机理并提出概念模型

目前城市承载力理论的主要缺陷和不足在于简单套用生物种群增长规律,而忽视了人类科技、贸易、消费、制度等社会文化因素对城市承载力的巨大影响。本书在总结城市承载力起源发展历程的基础上,从城市系统结构、发展过程以及服务功能的本质特征出发,分析目前城市承载力研究存在的主要困境及原因,以人类社会文化因素为重点,系统地探讨和阐述城市承载力的影响因素、调控机理及主要特点,提出城市承载力 K 值调控概念模型,并将城市独特的承载弹性空间定义为市民忍受力,以此为基础提出了将城市的承载状态划分为超载、满载、适宜、不足四种承载类型;界定了城市内部空间,分析了内部空间的承载机制,提出城市综合承载力应放在区域、城市、街道、社区等多个尺度上进行研究,同时论证了邻里单位为最基础的城市承载单元,从而完善城市承载力理论,为进一步深入开展城市承载力理论分析探讨提供基础。

2. 提出可为决策服务的城市承载力估算方法

由于城市承载力理论所存在的缺陷和不足,目前的城市承载力估算方法缺乏足够的说服力,不同方法之间的估算结果差异巨大,还不能为人类经济社会活动提供有效的决策论据。本书在城市承载力理论探索的基础上,根据城市承载力影响因素和调控机理,提出符合城市系统特点的承载力估算方法,为城市、区域等层面城市承载力估算提供参考,为后续的研究开展提供一种相对切实可行的思路和相对完整的评价过程。本书研究利用的承载力估算方法:

(1) 设立专用指标体系,采用 GPCA 方法对长三角城市群城市 2000~2009 年的城市承载力变化进行计算,利用本书定义的 4 种承载类型进行承载空间的时空变化分析,通过 ESDA 方法进行空间集聚的分析。

(2) 街道尺度的分析中,结果的综合分析主要采用空间叠加以及指标体系法(自定义公式法以及多目标线性决策法),单要素分析中主要采用设定控制阈值。单要素指标值获取除部分采用统计数据直接获取外,较多地基于 GIS/RS 的信息提取技术进行获取。主要利用的 GIS/RS 技术包括:道路长度的量算,公共服务覆盖范围(缓冲区分析),面积统计等 GIS 技术;SPOT5 影像的配准,2.5m/10m 分辨率影像的融合,不同种类房屋信息的人工提取,绿地信息的计算机自动提取等 RS 技术。

3. 区域尺度的实证研究结果显示

在长三角城市群层面，2008年存在一个明显的承载极限 K 值的突破；承载力的关键影响因素为交通以及环境承载力，发展的瓶颈为科技承载力；时序分析表明长三角城市群承载力呈上升趋势，各要素承载力都有所提高，但路径略有不同；空间格局的分析显示城市综合承载力的承载状况存在从不足向超载的不断演进，路径清晰；同时长三角城市群承载能力差异在缩小，但未形成明显的空间集聚。

对典型城市上海的分析表明：上海的城市一直处于超载状况，城市承载问题趋于严重；其主要的影响因素为土地及环境承载力，发展的短板为科技承载力，交通承载力趋于改善，而水资源承载力变化较小；其主要的要素承载力存在巨大的潜力和改善的空间。

4. 街道尺度的实证研究结果显示

从承载要素的空间覆盖结果可得，杨浦区总体覆盖情况较差，轨道交通服务、污水处理、高中教育、社区医疗以及养老服务等5项指标存在空间覆盖的缺失。要素全覆盖区的居住区域主要包括平凉的大部，控江、延吉、长白的大部，大桥、定海、四平、江浦、五角场镇、殷行的部分地区。服务覆盖缺失较多的区域主要分布在军工路以东，新江湾城，大桥西南侧，主要涉及五角场镇的虬江居委会的居住用地，大桥西南侧的居住用地。

主要制约要素分析结果可得，以参考值为控制标准的指标中地均利税能力、救助金占税收比、人口密度等3个指标出现承载问题的街道较多，分别达11个和8个，救助金占税收比（超标准10倍）、人口空间密度（超标准1.05倍）、地均利税能力（超标准0.86倍）等指标承载超标较为严重；以绝对值为控制标准的指标中人均居住面积指标（8个），道路交通服务指标（8个）、社区医疗服务（7个）、养老服务（7个）等指标出现承载问题的街道较多，城市空地、道路交通、养老服务以及人均绿地指标超标情况较严重。因此，参考值控制指标中影响范围最广，且问题最严重的是救助金占税收比。绝对值控制指标中，道路交通问题无论从影响范围还是程度来分析，是目前影响杨浦区最严重的指标。

综合承载分析结果可得：叠加分析的结果显示江浦路街道（超标10项）为承载超标指标最多的区域，其次为平凉路街道超标9项，四平路、大桥、定海街道超标8项；综合法分析结果显示五角场镇、新江湾城街道处于高值区（$R>0.6$），显示承载能力较强；江浦、平凉、大桥处于低值区（$R<0.45$），表明上述街道承载能力较弱；其他街道介于高值区与低值区之间，显示承载能力在杨浦12个街道中较为适中；空间分布总体趋势为以走马塘为界线，南部承载能力较差，而北部则相对较好。同时东侧沿黄浦江各街道相对于西侧内陆街道为好。与建设时序存在一定联系，老榆林区所属街道平凉、江浦路情况最为糟糕，而老杨浦旧租界区的大桥、平凉街道也不容乐观。不同计算方法的结果显示，综合法较好地符合居民所感受的实际情况，而公式法偏差较大。

7.2 本书主要创新点

（1）从城市承载力的理论模型、现实模型、分级尺度设置以及承载作用机制等方面提出了不同于其他研究成果的新思路，完善了城市承载力的理论。

（2）研究提供了相对完整的评价过程。过程中采用了空间量算、缓冲区分析、叠加分析等基础空间分析方法，ESDA分析等先进空间分析，遥感分类信息提取等遥感分析方法，指标体系法以及模型公式法等评价分析方法。

（3）利用全局主成分分析方法对长三角城市群以及典型城市上海的城市承载力的演化发展进行了研究；并对2000~2009年间承载极限K值的变化进行了判断，依此设立了承载状态判断的标准。

（4）界定了城市内部空间的概念，梳理了在此概念下的城市承载主要影响因素。分压力和支撑两部分建立指标体系，从人口社会经济、土地利用、综合交通、公共服务、市政服务以及空间环境等六方面建立了评价指标的控制标准，依据该标准对指标进行了专项研究。提出城市内部空间承载力应从空间覆盖以及承载质量两方面进行研究，承载的质量需考虑影响空间单元的数量以及偏离控制标准的程度。利用空间叠加、公式法以及综合法等研究方法对专项研究结果进行了综合分析。

7.3 进一步工作的方向

本书对于城市综合承载力的理解与判断尚是初步的，下一步的研究重点应该集中于从城市发展的源头，分析产生城市承载能力问题的原因，进而找到有效的对策，提高目前城市的综合承载能力。如何给予定性分析，定量的度量，并给出评估的指标体系是需要深入研究的部分。

针对承载城市发展的资源环境基底，研究主要存在两个难点：第一，如何区分区域与城市的尺度差异，区域尺度的研究多，立足城市建成区的研究少，而且目前的统计资料主要以行政区为单位，往往出现用区域尺度的分析结果来解释城市尺度的发展约束；第二，城市跨区域的资源占用能力往往使现有的承载力分析研究实际操作意义受到损害。例如：建设用地指标异地购买，跨区域调水等。只要城市具有足够的资金和迫切的需求，跨区域的资源占用将成为城市发展的常态。

直接决定现状城市承载能力的城市内部系统，是今后研究的重点和难点。第一，如何评价人的承受能力。一个伟大城市所依靠的是城市居民对他们所生活的城市产生的那份特殊的眷恋，一份让这个地方有别于其他地方的独特感情。可见人的承受能力是因时因地变化的，如何客观地评估将是研究的难点。第二，客观承载限度阈值的确定和现状承载能力的空间分布，前者需要对城市承载能力内涵有个全面统一的认识，而后者需要大量的观测数据的积累。第三，针对新城区的承载研究，即从承载力研究的角度分析新城控制性详细规划各指标的适配性。

针对评价过程中具体的技术问题，进一步的工作需要考虑：

（1）研究尺度与空间分析单元的划分。对于区域层面的评价，需进行更大区域的分析，大区域使分析样本增多，更有利于内在空间分布规律清楚显示，能进行国际间的比较，区域的比较，城市群的比较，省域的比较；对于内部空间的评鉴，能深入到街区、社区和地块层面，直接指导分区规划和控制性详细规划的编制。

（2）积累时序评价相关原始数据，探索原理和方法。为开展详细的时空分析完成系统准备，尤其是对 K 值的变化周期、驱动因素的研究，将能直接弥补承载力概念的固有缺陷，清晰城市承载力的内涵，从理论层面促进承载力研究的飞跃。

（3）指标选择和设置。需按照承载定义严格进行，同时注重统计数据的内在逻辑一致性（检验准确性，调整统计口径，行政区划调整带来的变化）。区分总量指标、人均指标、地均指标的差异；进一步研究准则层与指标层指标数量比例对最终结果的影响；控制标准中参考值的设定有待商榷，需使用问卷调查，详细调查居民的需求以及对现状的感受；指标的控制标准，从管理的灵活性考虑，进一步的研究需要综合考虑片区的发展历史、区位等客观差异，控制标准需分片分级设定。

（4）进一步发展评价方法。指标体系法进行城市系统承载力整体研究具有明显优势。今后，要在指标体系评价的基础上，探索公式法、系统动力学等动态模型在城市承载力评价中的应用。上述模型虽然相对地具有逻辑性，但尚显简单，各种影响因子没有较全面地体现于模型当中，需要进一步的完善，以便更准确地刻画评估承载状况。单要素的评价需考虑基于距离规则定权的空间矩阵权重确定的方法，利用曼哈顿距离而非现在基于服务半径的欧几里德距离的空间覆盖测算，采用泰森多边形边界确定轨道交通站点的影响范围等等。

（5）实现基于 GIS 的系统评价。本研究虽然实现了针对 UCC 的评价，但所采用的方法分布于不同的专业应用软件中，对于研究成果的推广应用非常不利，进一步研究需要研制完善的城市承载力评估系统（Urban Carring Capaticity Assessment System，UCCAS）。

初步设想 UCCAS 是一个以模型为驱动的系统。内嵌根据本书研究确定的基本评价方法及基本指标。同时考虑特定应用的不同，可在基本指标集基础上定义专用指标体系。系统总体结构包含文件管理（含空间索引），尺度与区域选择，本指标与指标集定义，内部空间专项指标计算，区域层面的分析模块，街区（城市内部空间）层面的分析模块，空间分析模块（ESDA），综合分析模块，结果显示与发布等 9 个功能模块。

文件管理（含空间索引）：该功能除包括基本的文件的输入存储、分级使用功能、系统帮助功能外，还包括提高数据访问效率的空间索引建立，数据的查询和统计功能。

尺度与区域的选择：该模块主要实现用户对研究区域和对尺度的选择。

基本指标与指标集定义：该模块主要实现在评价过程中所使用的相对独立、具有一定经济社会含义和分析意义的复合指标计算，同时按特定应用要求定义指标集。

内部空间专项指标计算：该模块主要实现分析城市内部空间时对部分指标的计算。该部分指标包括因无法直接获取数据而需要进行相关计算的指标。

文件管理、尺度与区域选择、基本指标与指标集定义、内部空间专项指标计算及结果显示与发布等 5 个功能模块为一个基于 GIS 的 UCC 管理系统。

区域层面的分析模块、街区（城市内部空间）层面的分析模块、综合分析模块以及空间分析模块（ESDA）等其他 4 个功能模块为 UCC 决策分析系统，是 UCCAS 系统的核心功能模块，提供对不同尺度的 UCC 的评估和预警服务。

选择类似 ArcObject 等的开发组件，完成编码和系统调试，使 UCCAS 成为成熟的科学研究评估软件。未来结合物联网和云计算技术，可承担任意尺度的城市承载力监测、评估和预警工作。

参考文献

[1] Abernethy V. D., Carrying capacity: the tradition and policy implications of limits. Ethics in Science and Environmental Politics, 2001(2):9–18.

[2] Abraham B. and J., Statistical for Forecasting. New York: Ledolier, 1983.

[3] Anselin L.. Local Indicators of Spatial Association–LISA[J]. Geographical Analysis, 1995, 27(4):93–115.

[4] Anselin L.. Spatial Econometrics: Methods and Models[M]. Boston: Kluwer Academic Publishers, 1988.

[5] Anselin L.. GeoDa TM 0.9 User's Guide[EB/OL]. http://www.csiss.org, 2003.

[6] Anselin L.. The Moran scatterplot as an ESDA tool to assess local instability in spatial association[M]// Fisher M, Scholten HJ, Unwin D.(eds). Spatial analytical perspectives on GIS. London: Taylor & Francis,1996.

[7] Arrow K., Bolin B., Costanza R., et al.. Economics growth, carrying capacity, and the environment[J]. Science ,1995, 268:520–521.

[8] Tsoularis A., Wallace J.. Analysis of logistic growth models[J]. Mathematical Biosciences, 2002, 179:21–55.

[9] Boulding K. E., The Economics of the Coming Spaceship Earth[M]//Jarrett H. (eds). Environmental Quality in a Growing Economy. Baltimore: Hopkins University Press, 1966.

[10] Bourne L.S(ed)., Internal Structure of the City[M]. London: Oxford University Press. 1971.

[11] Brown M. T., Ulgiati S.. Energy–based indices and rations to evaluate sustainability: monitoring economics and technology toward environmentally sound innovation[J]. Ecological Engineering, 1997, (9):51–69.

[12] Buckley R.. An ecological perspective on carrying capacity[J]. Annals of Tourism Research, 1999, 26(3), 705–708.

[13] Cang Hui, Carrying capacity, population equilibrium, and environment's maximal load[J]. Ecological Modelling, 2006, 192, 317–320.

[14] Cliff A. D., Ord J. K. Spatial Autocorrelation[M]. London: Pion., 1973.

[15] Charnes A., Cooper W.W., Rhodes E.. Measuring the efficiency of decision making units[M]. European Journal of Operational Research, 1978, 2: 429– 444.

[16] Cohen J. E.. How many people can the earth support? [M]. New York: W.W.Norton & Co., 1995.

[17] Cohen J. E.. Population, economics, environmental and culture: an introduction to human carrying capacity[J]. Journal of Applied Ecology, 1997, 34:1325–1333.

[18] Costanza R.. Economic Growth, Carrying Capacity, and the Environment[J]. Ecological Economics, 1995, 15(2):89–90.

[19] Daily G. C., Ehrlich P. R.. Socileconomic equity, sustainability, and Earth's carrying capacity[J]. Ecological Applications. 1996, 6(4):991–1001.

[20] Daily G. C., Ehrlich P R.. Population, sustainability, and Earth's carrying capacity[J]. BioScience, 1992, 42:761–771.

[21] Diamond J.. Collapse, How societies choose to fail or succeed[M]. London: Penguin, 2005.

[22] Dijkman J.. Carrying capacity: outdated concept or useful livestock management tool[EB/OL]. Electronic conference of livestock: coping with drought. FAO and Oversea Development Institute, UK. On: http://www.odi.org.uk/pdn/drought/dijkman.html, 1998.

[23] Environmental Stewardship & Planning. El Dorado County River Management Plan Carrying capacity White Paper [R]//A Report prepared for Development and Services. El Dorado County Placerville, California, 2000.

[24] Faucheux S.. Summary principle for sustainable development [M]//Tolba M. K. (Ed.). Our fragile World, Challenges and opportunities for sustainable development. Oxford: Eolss, 2001.

[25] Foley L. D.. An approach to metropolitan spatial structure [M]//Webber M. M. et al. (eds) Exploration into Urban Structue. Philadelphia: University of Pennsylvania Press, 1964.

[26] Getis A.,Ord J. K.. The analysis of spatial association by the use of distance statistics[J]. Geographical Analysis, 1992, 24(3):189–206.

[27] Godschalk D. R., Parker F.H.. Carrying capacity: a key to environmental planning[J]. J. Soil Water Conserv.,1975, Vol.30,160–165.

[28] Godschalk D.R., Axler N.. Carrying Capacity Applications in Growth Management: A Reconnaissance[R]. Department of Housing and Urban Development, Washington, DC., 1977.

[29] Gowdy J.M. Coevolutionary economics: The economy, society, and the environment[M]. Boston, MA: Kluwer, 1994.

[30] Hadwen S., Plamer L. J.. Reindeer in Alaska[J]. U.S. Department of Agriculture Bulletin, 1922, 1089, 1–70.

[31] Hardin G.. Carrying capacity as an Ethical Concept[J]. Soundings. 1976, 59:120–137.

[32] Hardin G.. Cultural Carrying Capacity: A Biological Approach to Human Problems[J]. BioScience, 1986, 36(9): 599–606.

[33] Hardin G.. Living On a Life boat[J]. BioScience, 1974, 24(10): 561–568.

[34] Harvery D.. Social Justice and the City[M]. Oxford: Basil Blackwell, 1973.

[35] Huesemann M. H.. Can Pollution Problems be Effectively Solved by Environmental Science and Technology? An Analysis of Critical Limitations[J]. Ecological Economics,2001, Vol.37(2):271–287.

[36] Hwang CL, Md Aasud A S.. Multiple Objective Decision-Making Meathods and Applications[M]. Berlin: Spring-Verlag Press, 1979.

[37] Jean-Pierre Gabriel, Francis Saucy, Louis-Felix Bersier, Paradoxes in the logistic equation? [J]. Ecological modeling, 2005, 185:147–151.

[38] Swart J.H., Murrell H.C.. A generalised Verhulst model of a population subject to seasonal change in both

carrying capacity and growth rate. Chaos, Solitons & Fractals. In Press, Available online 25 January 2007.

[39] John C. J.. Sustainability Ethnic: Tales of Two Cultures. Ethics in Science and Environmental Politics, 2004:39–43.

[40] Kallis G.. Developing a coevolutionary analytical approach[C]. the 6th International Conference of the European Society for Ecological Economics, Lisbon, 14–17 June 2005.

[41] Knox P.. Urban Social Geography: An Introduction[M]. Lognman, Harlow. 1982.

[42] Kozlowski J.M.. Sustainable development in professional planning: a potential contribution of the EIA and UET concepts[J]. Landscape and Urban Plan, 1990, 19(4):307–332.

[43] Kyushik Oh, et al., Determining development density using the Urban Carrying Capacity Assessment System[J]. Landscape and Urban Planning, 2005, 73:1–15.

[44] Lindberg K., McCool S., Stankey G.. Rethinking carrying capacity[J]. Annals of Tourism Research. 1997, 24(2):461–465.

[45] McLeod S.R.. Is the concept of carrying capacity useful in variable environments? [J]. OIKOS 1997, 79: 529–542.

[46] Meier R. L.. Urban Carrying Capacity and Steady State Considerations in Planning for the Mekong Valley Region[J]. Urban Ecology,1978, 3(1): 1–27.

[47] Meyer P. S., Ausubel J. H.. Carrying capacity: a model with Logistically varying limits[R]. Technological Forecasting and Social Change, 1999.

[48] Nagarajan P.. Collapse of Easter Island: Lessons for Sustainability of Small Island[J]. Journal of Development Societies, 2006, 22(3):287–301.

[49] Norgaard R.B.. Development betrayed, The end of progress and a coevolutionary revisioning of the future[M]. London:Routledge. 1994.

[50] Nováček P., Mederly P.. Global partnership for development,Sustainable development index. Olomouc, Czech Republic: Palacky University(for American Council for the United Nations University).2002.

[51] Odum E. P.. Fundamnetals of Ecology[M]. Philadelphia: W. B. Saunders, 1953.

[52] OECD, Sustainable Consumption and Production: Clarifying the Concepts[R]. OECD Proceedings. 1997.

[53] Oh K., Jeong, Y., Lee, D., Lee, W.. An intergrated framework for the assessment of urban carrying capacity[J]. J. Korea. Plan. Assoc., 2002, Vol.37(5): 7–26.

[54] Oh, K.. Visual threshold carrying capacity(VTCC) in urban landscape management: a case study of Seoul, Korea[J]. Landscape Urban Plan, 1998, 39(5):7–26.

[55] Onishi, T.. A capacity approach for sustainable urban development: an empirical study[J]. J. Region. Stud. Assoc., 1994, 28 (1):39–51.

[56] Opschoor H., van der Straaten J.. Sustainable development: An institutional approach[J]. Ecological Economics,1993, 7:203–222.

[57] Ord J K., Getis A.. Local spatial Autocorrelation statistics:distributional issue and an application[J]. Geographical Analysis, 1995, 27(4):286–306.

[58] Park R.F., Burgess E.W.. An Introduction to the Science of Sociology[R]. Chicago.1921.

[59] Penfold J.W., Cain S.A., Estep R.A., Evans B., Nash R., Schwartz D., Young P.. Preservation of National Park Values[R]. National Conservation Foundation, Washington, DC.1972.

[60] Perrings C.. Ecology, economics and ecological economics[J]. Ambio, 1995, 24(1):60–63.

[61] Population Information Network, the Unite Nations Population Division, Department for Economic and Social Information and Policy Analysis[R]. Population and the Environment in Development Countries: A Literature Survey and bibliography, 1994.

[62] Prescoot-Allen R.. The wellbeing of nations: A country-by-country index of quality of life and the environment[M]. Washington, DC:Island Press. 2001.

[63] Price D.. Carrying capacity reconsidered[J]. Population and Environment, 1999, 21(1):5–26.

[64] Redefining Progress(1994~2004). Sustainability indicators programme, Ecological footprint accounts [EB/OL] http://redefining progress.org/programs/sustainabilityindicators/ef/methods/calculating.html#assumptions, http://redefiningsprogress.orgh/publications/2004/footprintnations2004.pdf 2007-5-17.

[65] Rees W E., Revisiting Carrying Capacity: Area-Based Indicators of Sustainability[J]. Population and Environment, 1996, 17(3):195–215.

[66] Rennings K., Koschel H., Brockmann K.L., Kühn I., A regulatory framework for a policy of sustainability: Lessons from the neo-liberal school[J]. Ecological Economics, 1999, 29: 197–212.

[67] Schneider, D.M., Godschalk, D.R., Axler, N.. The Carrying Capacity Concept as a Planning Tool[R]. American Planning Association, Planning Advisory Service Report 338, Chicago. 1978.

[68] Seidl I, Tisdell C. Carrying Capacity Reconsidered: From Malthus' Population Theory to Cultural Carrying Capacit[J]. Ecological Economics, 1999, 31:395–408.

[69] Söderbaum P., Values ideology and politics in ecological economics[J]. Ecological Economics,1999, 28:161–170.

[70] Sustainability Now. Wellbeing of Nations, Background [EB/OL]. http://www.sustainability.ca/index.cfm?Body=SourceView.cfm&ID=422.2006, 2007-5-17.

[71] Verhulst P F., Notice sur la loi que la population suit dans son accroissement[J]. Corresp. Math. Phys, 1838, 10:113–121.

[72] Wackernagel M., Rees W.. Our ecological footprint, Reducing human impact on earth. Gabriola Island, BC: New Society. 1996.

[73] W.R. Dillion and M., Multivariate Analysis: Meathod and Applications. Goldstein, 1984.

[74] Young C C., Defining the Range: The Development of Carrying Capacity in Management Practice[J]. Journal of the History of Biology, 1998, 31(1) :61–83.

[75] 柴彦威. 城市空间[M]. 北京：科学出版社，2000.

[76] 蔡芳芳，濮励杰，张健等. 基于ESDA的江苏省县域经济发展空间模式解析[J]. 经济地理，2012，32（3）：22-29.

[77] 车越等. 基于SD模型的崇明岛水资源承载力评价与预测[J]. 华东师范大学学报(自然科学版)，2006(6)：67-74.

[78] 陈百明.中国土地资源生产能力及人口承载量研究方法论概述[J].自然资源学报,1991,6(3):197-205.

[79] 陈传美等.郑州市土地承载力系统动力学研究[J].河海大学学报,1999(1):53-56.

[80] 陈平.网格化城市管理新模式[M].北京:北京大学出版社,2007.

[81] 陈斐,杜道生.空间统计分析与GIS在区域经济分析中的应用[J].武汉大学学报(信息科学版),2002,27(4):391-395.

[82] 陈淮.中国应加快提高城市综合承载力[M].第一财经日报,2006-5-26.

[83] 陈娟等.湖南"3+5"城市群城市综合承载力评价[J].国土与自然资源研究,2010(4):17-20.

[84] 陈美球,刘桃菊.土地健康与土地资源可持续利用[J].中国人口、资源与环境,2003,Vol.13(4):64-67.

[85] 陈述云.综合评价中指标的客观赋权方法[J].上海统计,1995(6):16-18.

[86] 程俪骢.城市规模约束:城市化可持续发展的新视角[J].同济大学学报(社会科学版),2009,20(4):23-29.

[87] 程丽莉等.安徽省土地资源人口承载力的动态研究[J].资源开发与市场,2006(4):318-320.

[88] 程晓波.提高城市综合承载能力,推进城镇化可持续发展[J].宏观经济管理,2006(5):18-20.

[89] 储金龙等.南通地区城镇用地扩展时空特征分析[J].自然资源学报,2006(1).

[90] 董青等.基于空间相互作用的中国城市群体系空间结构的研究[J].经济地理,2010(6).

[91] 董玉芬等.制约北京市人口承载力的主要因素、问题与对策分析[J].北京社会科学,2009(6).

[92] 封志明.土地承载力研究的过去、现在与未来[J].中国土地科学,1994,8(3):1-9.

[93] 冯建,周一星.中国城市内部空间研究进展[J].地理科学进展,2003,26(3):304-314.

[94] 傅鸿源.城市综合承载力研究综述[J].城市问题,2009(5):27-31.

[95] 高红丽等.城市综合承载力评价研究——以成渝经济区为例[J].西南大学学报(自然科学版),2010,32(10):148-152.

[96] 高吉喜.可持续发展理论探索——生态承载力理论、方法与应用[M].北京:中国环境科学出版社,2001.

[97] 高军波,周春山,王义民,江海燕.转型时期广州城市公共服务设施空间分析[J].地理研究,2011,30(3):424-436.

[98] 郭秀锐等.国内环境承载力研究进展[J].中国人口、资源与环境,2000,10(3):28-30.

[99] 郭秀锐,毛显强.中国土地承载力计算方法研究综述[J].地球科学进展,2000(6):705-711.

[100] 郭鸿懋等.城市空间经济学[M].北京:经济科学出版社,2002.

[101] 郭力君.知识经济时间的城市空间结构研究[M].天津:天津大学出版社,2008.

[102] 顾朝林,甄峰,张京祥.集聚与扩散——城市空间结构新论[M].南京:东南大学出版社,2000.

[103] 胡俊.中国城市模式与演进[M].北京:中国建筑工业出版社,1995.

[104] 黄亚平.城市空间理论与空间分析[M].南京:东南大学出版社,2002.

[105] 金华市统计局课题组.着力提高承载力打造城市群内核——金华市区城市承载能力研究[J].浙江统计,2006(12):29-31.

[106] 金磊.城市安全风险评价的理论与实践[J].城市问题,2008(2):35-40.

[107] 江曼琦. 城市空间结构优化的经济分析 [M]. 北京：人民出版社，2001.

[108] 孔凡文、刘亚臣、常春光. 城市综合承载力的内涵及测算思路 [J]. 城市问题，2012(1)：26-29.

[109] 李长亮等. 城镇化视角下的城镇承载力问题研究 [J]. 小城镇建设，2010(10)：50-51.

[110] 李东序. 提高城镇综合承载能力 [J]. 城乡建设，2006(5)：46-48.

[111] 李东序，赵富强. 城市综合承载力结构模型与耦合机制研究 [J]. 城市发展研究，2008(6)：37-42.

[112] 李振福. 城市交通系统的人口承载力研究 [J]. 北京交通大学学报，2004，3(4)：76-80.

[113] 刘易斯·芒福德. 城市发展史 [M]. 宋俊岭等译. 北京：中国建筑工业出版社，2005.

[114] 刘虹，薛东前，马蓓蓓. 基于 ESDA 分析的关中城市群县域经济空间分异研. 干旱区资源与环境，2012，26(4)：55-60.

[115] 刘涛，曹广忠. 城市规模的空间聚散与中心城市影响力——基于中国 637 个城市空间自相关的实证 [J]. 地理研究，2012，31(7)：1317-1327.

[116] 刘晓平等. 基于 DEA 的水资源承载力的计算评价 [J]. 科技与管理，2008，10(1)：13-15.

[117] 刘玉邦等. 基于模糊物元分析的长江上游水资源承载力综合评价 [J]. 水资源与水工程学报，2009，20(3)：39-42.

[118] 龙腾锐等. 水资源承载力内涵的新认识 [J]. 水利学报，2004(1)：38-45.

[119] 龙志和等. 广州市城市综合承载力研究 [J]. 科技管理研究，2010(5)：204-207.

[120] 鹿勤等. 北京新城控规综合承载力研究 [J]. 北京规划建设，2009(S1)：188-192.

[121] 罗贞礼. 土地承载力研究的回顾与展望 [J]. 资源论坛，2005(2)：25-27.

[122] 陆大道. 我国城镇化进程与空间扩张 [J]. 城市规划学刊，2007(4)：47-48.

[123] 吕斌等. 中原城市群城市承载力评价研究 [J]. 中国人口、资源与环境，2008，18(5)：53-58.

[124] 吕光明等. 可持续发展观下的城市综合承载能力研究 [J]. 城市发展研究，2009，16(4)：157-159.

[125] 麦肯锡. 2025 年中国将出现 8 个巨型城市 [N]. 新华每日电讯，2008-3-25.

[126] 马荣华，黄杏元，朱传耿. 用 ESDA 技术从 GIS 数据库中发现知识 [J]. 遥感学报，2002，6(2)：102-107.

[127] 马晓东等. 基于 ESDA-GIS 的城镇群体空间结构 [J]. 地理学报，2004，59(6)：1048-1057.

[128] 孟爱云，濮励杰. 城市生态系统承载能力初步研究——以江苏省吴江市为例 [J]. 自然资源学报，2006，21(5)：768-774.

[129] 孟斌，张景秋，王劲峰等. 基于空间分析方法的中国区域差异研究 [J]. 地理科学，2005，24(3)：393-400.

[130] 孟斌等. 空间分析方法在房地产市场研究中的应用——以北京市为例 [J]. 地理研究，2005，24(6)：956-1055.

[131] 闵庆文，余卫东，张建新. 区域水资源承载力的模糊综合评价分析方法及应用 [J]. 水土保持研究，2004，11(3)：14-16.

[132] 倪超，雷国平. 资源枯竭型城市土地综合承载力评价研究 [J]. 水土保持研究，2011，18(2)：164-168.

[133] 聂庆华. 土地生产潜力和土地承载能力研究进展 [J]. 水土保持通报，1993，13(3)：53-59.

[134] 牛建宏. 关注提高城市综合承载能力 [N]. 中国建设报，2006-2-9.

[135] 欧阳敏等. 长株潭城市群城市综合承载力评价 [J]. 湖南师范大学自然科学学报, 2009, Vol.32(3): 108–112.

[136] 齐亚彬. 国土资源承载力定量综合评价研究 [J]. 中国国土资源经济, 2004, 17(6): 4–7.

[137] 覃盟琳, 吴承照. 生态版图——城市生态承载力研究的新视角 [J]. 城市规划学刊, 2011(2): 43–48.

[138] 邵晓梅, 张洪业. 鲁西北地区现状农业土地资源劳动力承载力模拟 [J]. 自然资源学报, 2004, 19(3): 324–330.

[139] 施国洪, 朱敏. 系统动力学方法在环境经济学额中的应用 [J]. 系统工程理论与实践, 2001(12): 104–110.

[140] 宋博, 赵民. 论城市规模与交通拥堵的关联性及其政策意义 [J]. 城市规划, 2011, 35(6): 21–27.

[141] 孙莉等. 中国城市承载力区域差异研究 [J]. 城市发展研究, 2009, 16(3): 133–137.

[142] 谭文垦, 石忆邵, 孙莉. 关于城市综合承载能力若干理论问题的认识 [J]. 中国人口、资源与环境, 2008, 18(1): 40–44.

[143] 谭文垦等. 基于XML的数字地下空间索引QR树研究 [J]. 浙江大学学报（工学版）, 2009, 43(9): 1615–1620.

[144] 唐子来. 西方城市空间结构研究的理论和方法 [J]. 城市规划汇刊, 1977(6): 1–11.

[145] 田莉. 探究最优城市规模的"斯芬克斯之谜"——论城市规模的经济学解释 [J]. 城市规划学刊, 2009(2): 63–68.

[146] 汪汀. 多措并举提高城市承载力 [N]. 中国建设报, 2008-01-11.

[147] 王丹, 陈爽等. 城市承载力空间差异分析方法——以常州为例 [J]. 生态学报, 2011, 31(5): 1419–1429.

[148] 王俭, 孙铁珩等. 环境承载力研究进展 [J]. 应用生态学报, 2005, 16(4): 768–772.

[149] 王开运. 生态承载力复合模型系统与应用 [M]. 北京: 科学出版社, 2007.

[150] 王亮等. 科技原创力评价指标体系研究 [J]. 中国科技论坛, 2005(3): 97–100.

[151] 王书华, 毛汉英. 土地综合承载力指标体系设计及评价——中国东部沿海地区案例研究 [J]. 自然资源学报, 2001, 16(3): 248–254.

[152] 王学全, 卢琦, 李彬. 水资源承载力综合评价的RBF神经网络模型 [J]. 水资源与水工程学报, 2007, 18(3): 1–5.

[153] 王艳, 冯利华, 杨文. 基于水资源承载力的城市适度人口分析——以金华市为例 [J]. 水资源与水工程学报, 2012, 31(1): 47–50.

[154] 王颖, 张婧, 李诚固等. 东北地区城市规模分布演变及其空间特征 [J]. 地理研究, 2011, 31(1): 55–59.

[155] 王友明. 基于可持续发展的苏南城市旅游环境承载力 [J]. 辽宁工程技术大学学报（自然科学版）, 2011, 30(5): 793–796.

[156] 魏后凯. 我国地区工业技术创新力评价 [J]. 中国工业经济, 2005(4): 15–22.

[157] 魏权龄. 评价相对有效性的DEA方法——运筹学的新领域 [M]. 北京: 中国人民大学出版社, 1988.

[158] 武进. 中国城市形态：结构、特征及其演化 [M]. 南京：江苏科技出版社，1990.

[159] 温家宝：根据城市承载能力逐步解决农民工城市户口 [EB/OL]. 2011-02-27, http://news.xinhuanet.com/2011-02/27/c_121126787.htm.

[160] 谢红霞，任志远，莫宏伟. 区域相对资源承载力时空动态研究——以陕西省为例 [J]. 干旱区资源与环境，2004(6)：76-80.

[161] 谢守红. 城市社区发展与社区规划 [M]. 北京：中国物资出版社，2008.

[162] 夏军，王中根，左其亭. 生态环境承载力的一种量化方法研究——以海河流域为例 [J]. 自然资源学报，2004，19(6)：786-794.

[163] 夏永久，朱喜钢，储金龙. 基于ESDA的安徽省县域经济综合竞争力空间演变特征研究 [J]. 经济地理，2011，31(9)：1427-1431.

[164] 徐庆勇，黄玫，陆佩玲等. 基于RS与GIS的长江三角洲生态环境脆弱性综合评价 [J]. 环境科学研究，2011，24(1)：58-65.

[165] 徐琳瑜，杨志峰，李巍. 城市生态系统承载力理论与评价方法 [J]. 生态学报，2005，25(4)：771-777.

[166] 宣国富等. 基于ESDA的城市社会空间研究——以上海中心城区为例 [J]. 地理科学，2010，30(1)：22-29.

[167] 杨保军. 人间天堂的迷失与回归 [C]. 城市规划学科发展论坛，2007.

[168] 杨柳等. 河北省城市综合承载力分析与对策研究 [J]. 河北工业科技，2010，27(4)：264-268.

[169] 叶裕民. 解读城市综合承载能力 [J]. 前线，2007(4)：24-26.

[170] 埃里克·达末安·凯利，芭芭拉·贝克齐. 社区规划——综合规划导论 [M]. 叶齐茂等译. 北京：中国建筑工业出版社，2009.

[171] 殷培杰，杜世勇，白志鹏. 2008年山东省17城市生态承载力分析 [J]. 环境科学学报，2011，31(9)：2048-2057.

[172] 阮本清等. 流域水资源管理 [M]. 北京：科学出版社，2001.

[173] 苑维松，张炜熙. 现代服务业对城市承载力贡献研究——以天津市为例 [J]. 经济研究导刊，2009(34)：153-155.

[174] 余卫东，闵庆文，李湘阁. 水资源承载力研究的进展与展望 [J]. 干旱区研究，2003，20(1)：60-66.

[175] 臧锐等. 增强城市群综合承载能力的政府合作机制研究 [J]. 经济地理，2010，30(8)：1299-1303.

[176] 张林波等. 承载力理论的起源、发展与展望 [J]. 生态学报，2009，29(2)：878-888.

[177] 张林波. 城市生态承载力理论与方法研究——以深圳为例 [M]. 北京：中国环境科学出版社，2009.

[178] 张明辉等. 新形势下湖南省土地人口承载力研究 [J]. 国土资源科技管理，2006(5)：57-60.

[179] 张荣，梁保淞，刘斌等. 城市可持续发展系统动力学模型及实证研究 [J]. 河南农业大学学报，2005，39(2)：229-234.

[180] 张小富，张协奎. 广西北部湾经济区城市群城市综合承载力评价研究 [J]. 国土与自然资源研究，2011(2)：11-13.

[181] 张小琴，范东旭. 基于交通环境承载力的城市人口容量预测研究——以太原市为例 [J]. 科学技术与工程，2012，12(9)：2229-2233.

[182] 张继承，潘新春. 基于 RS/GIS 和 AHP-GPCA 模型的青藏高原生态环境变迁综合评价 [J]. 地球科学与环境学报，2011，34(4)：434-440.

[183] 张有坤，樊杰. 基于生态系统稳定目标下的城市空间增长上限研究——以北京市为例 [J]. 经济地理，2012，32(6)：53-58.

[184] 张中秀，石榴花. 城市市政管网承载力综合评价方法与应用 [J]. 中国市政工程，2012(4)：42-43.

[185] 张鑫等. 区域地下水资源承载力综合评价研究 [J]. 水土保持通报，2001，21(3)：24-27.

[186] 张燕等. 中国区域发展潜力与资源环境承载力的空间关系分析 [J]. 资源科学，2009，31(8)：1328-1334.

[187] 赵楠等. 北京市基础设施承载力指数与承载状态实证研究 [J]. 城市发展研究，2009(4)：68-75.

[188] 赵然杭等. 城市水环境承载力与可持续发展策略研究 [J]. 山东大学学报，2005，35(2)：90-94.

[189] 赵先贵，肖玲，兰叶霞等. 陕西省生态足迹和生态承载力动态研究 [J]. 中国农业科学，2005，38(4)：746-753.

[190] 赵燕箐. 论城市规划的可操作性 [C]. 城市规划学科发展论坛，2005.

[191] 郑丽波. 基于 SDSS 的县域生态环境规划研究 [D]. 上海：华东师范大学，2004.

[192] 郑楠，张华，张琳等. 基于 RS 与 GIS 的大连市生态环境状况综合评价 [J]. 国土与自然资源研究，2011(1)：55-57.

[193] 中国科学技术协会. 中国城市承载力及其危机管理研究报告 [R]. 北京：中国科学技术出版社，2008.

[194] 周纯等. 珠江三角洲地区土地资源承载力研究 [J]. 国土资源科技管理，2003(6)：16-19.

[195] 周珂等. 以城市基础设施资源性承载力为制约的规划方法的构建 [J]. 北京规划建设，2009(3)：113-118.

[196] 左伟，周慧珍，王桥. 区域生态安全评价指标体系选取的概念框架研究 [J]. 土壤，2003(1)：2-7.

[197] 朱吉双等. 城市道路网络承载能力影响因素分析 [J]. 交通运输系统工程与信息，2008，8(1)：92-97.

[198] 朱喜钢. 城市容量问题的几点思考 [J]. 南京大学学报（哲学·人文·社会科学），2000，37(5)：19-24.

[199] 朱一中，夏军，谈戈. 西北地区水资源承载力分析预测与评价 [J]. 资源科学，2003，25(4)：43-48.

后 记

　　本书是在博士论文基础上修改而成的。承载力的研究从一开始就在争议中开展，概念的内涵和外延相对模糊，理论体系和评价方法也存在诸多混沌和不合理之处，但以上不足并不阻碍作为考量可持续发展的重要概念之一承载力研究深入自然社会的各个角落。本人用近10年的时间思考承载力研究中的城市分支，一直苦恼于城市承载力的终极意义，是否真的存在一个客观阈值可以给予定量的评价？承载的极限是否真的存在？如果阶段调整，那触发调整的机制又是什么？是否具有普遍意义还是具有区域依赖等。上述困扰一直伴随书稿的写作，并曾一度放弃学校研究，试图在社会实践中寻找答案。漫长的写作过程使我明白，面对承载力研究这个古老而又庞大的课题，个人的努力仅仅是在某些研究点上有所提高和逼近，而在研究过程中，理解并掌握科学研究的方法（即围绕一个选题，进行理论剖析和实证研究，并给出自己的观点）才是重点。如此这般才使研究不因上述困扰耽误本书的成稿，并在城市承载力理论构建、评估方法的完善等方面取得一点点小小的独到的见解。

　　从1995年步入浙江大学接受高等教育至今，已逾20年。20年的上下求索，终于换得本书的完稿，在高兴与欣慰之余，我衷心地感谢在求学生涯中指导和帮助过我的人。

　　特别感谢我的博士生导师石忆邵教授。本书的选题，研究方法构建，结果的解读一直离不开导师的指导。先生的渊博知识、谆谆教导、严谨的治学态度、一丝不苟的工作作风使我获益良多。在同济大学学习期间，无论是在生活上还是在学习上，石老师及师母何君老师都给了我无微不至的关怀，在此向导师及师母表示深深的敬意和衷心的感谢。

　　衷心感谢中国城市规划设计研究院城建所的罗赤总工程师，使我有幸参与桂林城市总体规划的城市承载力研究专题，使研究理论有了一次非常难得的与实践结合并进行检验的机会。感谢北京社科院的孙莉博士，让我有幸参与"中国城市综合承载力研究"的课题，使理论和区域层面的分析又多了一次深入研究的机会。

　　衷心感谢胡建明师兄，多次的深入讨论甚至是争论，换来了本书理论的一步步完善和评价方法及实证研究的逐渐丰满。

　　衷心感谢国家海洋环境监测中心的赵建华博士、上海市住房管理局历双燕师妹，以及上海市房地局测绘中心陈永鉴师弟为本书完成提供的相关资料。

　　感谢我的父母，你们赋予我生命，顽强的精神和朴实的信念影响我的人生，你们的期望和支持是我永恒的精神源泉；感谢我的爱人吕燕燕，是你的支持和无私奉献，使我的学业得以顺利完成；同时感谢我的女儿谭舒窈，你的灿烂笑颜和童言稚语是我攻克难关、勇于向前的动力和支柱。

本书的出版离不开中国建筑工业出版社的施佳明编辑及编辑室全体同仁的努力，在此深表感谢！

谨以此书作为我廿载求学生涯的纪念，并再次感谢在此期间给予我帮助的认识和不认识的人们。

谭文垦

2014 年 6 月于上海